LES SALONS
DE CONVERSATION

AU DIX-HUITIÈME SIÈCLE

PAR

FEUILLET DE CONCHES

PARIS. CHARAVAY FRÈRES ÉDITEURS
4, rue de Furstenberg.
1882

LES SALONS

DE CONVERSATION

AU DIX-HUITIÈME SIÈCLE

Le désintéressement de l'esprit n'était pas précisément la qualité dominante de tous les cercles de conversation, à l'époque brillante des causeurs. On rêvait le matin au succès du soir, et ce vers si connu du *Méchant* de Gresset :

l'esprit qu'on veut avoir gâte celui qu'on a,

a été pris sur le fait en plein dix-huitième siècle. L'esprit était devenu une affaire d'escrime et de tournois. Et comme tout le monde n'était pas pourvu d'une verve d'humeur native toujours diverse, toujours nouvelle, on arrivait bien vite à se savoir par cœur les uns les autres. Aussi la vieille comtesse de Sandwich (1)

(1) Fille du fameux Wilmot, comte de Rochester, morte en 1757, à l'âge de 92 ans, célèbre par la hardiesse de ses opinions et l'originalité de son esprit. Elle avait été l'amie de Ninon et de l'abbé Dubois.

avait-elle surnommé les beaux esprits de l'hôtel de Brancas, des *esprits notés*. En effet, aux premières notes de leurs gaietés, on devinait sur-le-champ la gamme du reste. Qui donc aurait cru pouvoir se tirer d'affaire avec son esprit de tous les jours? Celui-ci se jetait à corps perdu dans une conversation dont il voulait garder le dé. Cet autre épiait l'occasion de placer un mot à effet. On se battait les flancs pour épancher sa sensibilité, pour faire éclater son âme, comme on disait alors, pour faire de la profondeur et de la flamme à la Jean-Jacques, pour s'envoler à perte de vue dans la haute politique ; car il n'est peut-être pas de siècle où plus d'idées politiques aient été remuées. On commentait le *Contrat social* du philosophe de Genève, sans se douter que ce serait un jour le catéchisme des Jacobins (1). Mais en revanche, il n'est pas d'époque qui ait eu moins le sentiment politique, si l'on considère le sens pratique du mot. La politique était dans les conversations, dans les discussions, dans la polémique, dans les hardiesses des causeries de chaque jour, partout, excepté dans la vie. Purs philosophes spéculatifs,

(1) « C'est surtout dans le *Contrat social* que Jean-Jacques a établi des doctrines funestes, qui ont si bien servi la révolution, et, il faut le dire, dans ce qu'elles ont de plus détestable, dans cet absurde système d'égalité, non pas devant la loi, vérité triviale et salutaire, mais égalité de fortune, de propriétés, d'autorité, d'influence sur la législation, principes vraiment destructeurs de tout ordre social.» (Morellet, *Mémoires*, T. I, p. 120). Benjamin Constant appelle le *Contrat social* le plus terrible auxiliaire de tous les despotismes. (*Cours de droit constitutionnel*, Tome Ier p. 276).

hardis novateurs au coin du feu, par amour de l'art, par simple jouissance de l'esprit, dupes de leur libérale sensibilité, les hommes de la bonne compagnie amusaient d'utopies leurs loisirs désœuvrés, sans s'ingénier à l'application immédiate de leurs maximes, par des jurisconsultes et des législateurs. Pour eux, en d'autres termes, la politique n'était qu'une science abstraite, et les idées dominaient les faits. Esprits forts sans indépendance ; respectueux, genou en terre, devant la personne d'un souverain ennuyé, voluptueux, et plus despote, il est vrai, que tyran ; toujours prêts à baiser la mule de la maîtresse régnante, ils étaient satisfaits pourvu qu'ils pussent parler, chanter et fronder tout à l'aise. Et cette liberté tempérée de temps à autre, par un peu de Bastille, leur suffisait. Ils justifiaient à merveille, cette définition donnée de l'ancien régime : que c'était une monarchie despotique tempérée par des chansons. Ils ne pensaient pas que la France fût disposée à jouer aux révolutions. D'autres y pensaient pour eux. L'idée de République avait germé, au XVIIIe siècle, comme d'elle-même, dans les esprits, par l'influence des études classiques. Un mouvement secret s'était opéré vers les réformes, vers l'étude du droit naturel, qui bientôt allait s'attaquer aux hiérarchies consacrées. L'heure n'avait pas sonné encore où les esprits de politique active et résolue, héritiers de ces doctrines spéculatives, allaient les faire passer en action et les traduire en résultats sociaux. La Salente de Fénelon n'était, au siècle précédent, qu'un rêve d'homme de bien, une politique faite avec des théories, non avec des hommes, et ce n'est pas ainsi qu'on résout les grands et terribles problèmes d'équilibre entre la royauté, le clergé, la noblesse et le peuple. Les utopistes du temps de Louis XV et Louis XVI étaient bien autrement dangereux ; à force de tout remettre en question, dans les choses de foi et de gouvernement, par un travail moral et social, patent ou souterrain, ils devaient finir par faire naître un courant d'idées propres à enivrer, à éblouir et à renverser. Toutes les correspondances du temps sont remplies, à des points de vue divers, de menaces d'un cataclysme inévitable. Qu'on se rappelle Louis XV enfant blâsé avant d'être homme, promenant ses vaporeux ennuis de la culture des laitues au travail du tour, aux pitoyables et impitoyables minuties de l'étiquette et à l'aiguille de tapisserie (1) ; plus tard, plongé dans l'ivresse des voluptés et dans le profond dégoût des affaires, il conserve dans son palais la magnificence de Louis XIV, mais sans aucun caractère de grandeur. Tout décline, tout s'affaisse, à peine nous reste-t-il un vaisseau capable de tenir la mer, et finalement Louis XV semble disparaître de son règne. Témoin de sa prodigieuse indifférence sur toutes les affaires du gouvernement, l'énergique duchesse de

---

(1) *Mémoires* du duc de Luynes, T. II et III.

Châteauroux, cette autre Agnès Sorel, qui de son amant aurait voulu faire un homme et un roi, voyait dans cet abandon, une menace de bouleversement total. Qui pourrait croire, en effet, que dans la guerre de Bavière, le roi ait écrit de sa main, le 23 janvier 1723 (la lettre existe) : « Il y a des nouvelles de Bavière du 13 (décembre précédent) ; mais je ne les ai pas vues. » Il était resté trois semaines sans se faire rendre compte des nouvelles de Bavière (1) ! « Au conseil, on lui ferait signer sa condamnation, » écrivait, le 12 mai 1744, le cardinal de Tencin au duc de Richelieu.

Madame de Tencin, à la même époque, parlait aussi d'un avenir de renversement général. Ainsi, dès l'année 1742, des femmes par l'excès de leur sagacité, devançaient de quinze ou vingt ans, les pronostics qui, depuis ont fait honneur à celle des philosophes et de quelques hommes d'Etat (2).

Une nombreuse série de passages des Mémoires du marquis d'Argenson épouvante le lecteur par l'insistance de ses funestes prévisions. Sans cesse Voltaire prédit une catastrophe : « Tout ce que je vois, écrivait-il à M. de Chauvelin, le 2 avril 1762, jette les semences d'une révolution, qui arrivera immanquablement et dont je n'aurai pas le plaisir d'être le témoin. La lumière est tellement répandue de proche en proche,

(1) *Chamfort*, T. III, p. 264.
(2) Id. ibid.

qu'elle éclatera à la première occasion ; et alors ce sera un beau tapage. Les jeunes gens sont bienheureux : ils verront bien des choses !!! »

Le vieux coupable du XVIIIe siècle comptait sans les échafauds de la Terreur.

Horace Walpole annonce itérativement une révolution. L'abbé Bonnet de Mably, qui répétait souvent l'adage de Leibnitz : « *Que le temps présent était gros de l'avenir,* » et qui avait prédit la liberté des colonies anglaises, les changements arrivés à Genève et en Hollande, annonça, dans son dernier ouvrage, que le déficit des finances en France amènerait des impôts désastreux ; que, pour les établir, les parlements demanderaient les Etats Généraux, et qu'alors naîtrait une révolution dans le gouvernement. «Vous vous fiez, disait, Jean-Jacques, dans son *Emile* (1), en 1760, à l'ordre actuel de la Société, sans songer que cet ordre est sujet à des révolutions et qu'il nous est impossible de prévoir ni de prévenir celle qui peut regarder vos enfants. Le grand devient petit, le riche devient pauvre, le monarque devient sujet : les coups du sort sont-ils si rares que vous puissiez compter d'en être exempts ? Nous approchons de l'état de crise et du siècle des révolutions... Je tiens pour impossible que les grandes monarchies de l'Europe aient encore longtemps à durer : Toutes ont brillé, et tout Etat qui a brillé est à son déclin. »

(1) Vers la fin.

« Le siècle des révolutions, » dit Jean-Jacques, peut-être ne croyait-il pas dire aussi juste. A peine douze ans étaient-ils écoulés, que trois grandes puissances se partageaient la Pologne, au mépris de tous les droits de la politique, de la nature et des gens... Quand les gouvernements donnent le signal de la violence, les révolutions ne sont pas loin. Et qu'en ont-ils fait de cette malheureuse Pologne? Il n'est pas jusqu'au valétudinaire et vaporeux Colardeau qui, seize ans auparavant n'ait eu ses peurs et ses prédictions : « Tout en ce pays est en alarmes, dit-il, dans une lettre du 29 juin 1741, à son bonhomme d'oncle, curé de Pithiviers, tout ce pays est en alarmes, et chacun tremble pour sa fortune, comme pour son état. Des générations qui préparent le bonheur des autres sont bien à plaindre. Les malheurs du XVIe siècle ont fait la gloire de ceux de Louis XIII et de Louis XIV ; mais l'avenir le plus heureux peut-il être un dédommagement pour ceux qui n'en jouiront pas ? »

Duclos, qui se fit une place considérable dans la société de son temps et qui sut se faire craindre et respecter de Voltaire lui-même par son caractère et par son esprit, disait en 1767 : « La souffrance gagne toutes les classes de citoyens par une sorte d'ondulation, jusqu'à ce que l'Etat ait repris un peu de consistance. Les choses reprennent ensuite le même train et préparent une nouvelle révolution. Tout arrive en France, où tout s'oublie tous les quarante ans ; nous touchons à une des crises d'Etat. »

Madame la duchesse de Choiseul qui possédait une collection de lettres de Louis XV au ministre, oncle de son mari, en montra une un jour, à M. d'Argout, où se trouvaient ces mots :

« Je ne sais comment, après ma mort, on pourra se tirer du torrent révolutionnaire qui menace de tout entraîner. »

Je lis dans une préface aux Mémoires que le maréchal de Richelieu projetait d'écrire lui-même, en 1784, préface conservée en autographe par la marquise de Créquy, ces mots : « Je trouve seulement que ma difficulté se trouve à savoir écrire d'une façon qui puisse persuader comment un royaume sans roi, sans ministres, sans l'observation d'aucune loi, sans punitions ni récompenses personnelles, a pu subsister et donner pour ainsi dire la loi à l'Europe pendant quelque temps. J'ignore la catastrophe qui suivra et si la monarchie est à sa fin, comme il y a grande apparence, ou si elle se relèvera. Mais quoi qu'il en soit, on verra avec étonnement cette léthargie, et en la représentant au vrai, je me divertirai à retracer dans ma mémoire une partie des choses qui me sont arrivées dans ma jeunesse, et les temps qui ont précédé et amené l'espèce d'anarchie du règne précédent. » Madame Lebrun rapporte, de son côté, en ses *Souvenirs,* qu'un soir, son père, le peintre

Vigée, sortant d'un dîner de philosophes, où se trouvaient Saint-Lambert, Diderot et Helvétius, paraissait si triste, que sa femme lui demanda ce qu'il avait : « Tout ce que je viens d'entendre, ma chère amie, lui répondit-il, me fait croire que bientôt le monde sera sens dessus dessous. »

« Il s'élève derrière nous, disait Châteaubriand, une génération impatiente, ennemie de tous les rois, — elle rêve la République ; elle s'avance, elle nous presse, elle nous pousse, bientôt elle va prendre notre place. »

Hélas ! on s'aperçoit trop tard que les révolutions ne résolvent pas les anciens problèmes, et qu'elles en posent souvent de nouveaux, qu'on voudrait conjurer à tout prix.

C'est un lieu commun que le gouvernement monarchique a besoin de majesté : à l'extérieur le pays est sans puissance, quand le chef est sans dignité ; à l'intérieur, où le respect finit, le danger commence. Louis XV a dégradé le trône. Avec lui s'est éteinte la monarchie antique. Immoral et impolitique, son âme s'est affaissée dans les plaisirs faciles, jusqu'à ce qu'il en vînt à humilier l'orgueil de la France devant l'orgueil anglais, en chassant publiquement de Paris le prétendant, et néanmoins c'est sous un pareil prince que la France a fleuri pendant quarante années ! chose étrange, vers la fin de ce règne, nos idées rayonnaient sur le monde, nos grands hommes étaient les grands hommes de l'univers entier, nous étions forts et respectés ; le pacte de famille était la garantie de notre sécurité extérieure; notre influence était incontestable et incontestée. « Est-il besoin d'autre preuve de l'existence d'une Providence, disait le pape Benoît XIV, que de voir prospérer la France sous Louis XV ? » Mais la Providence s'est lassée, et un roi martyr a payé pour un roi voluptueux et fainéant. Il est vrai que Louis XV, eût-il été le plus chaste des rois, n'aurait pas arrêté le torrent philosophique, matérialiste et démocratique qui entraînait la Société aux démonstrations de la philosophie du temps, surtout à celles du *Contrat social*, de Rousseau. Et puis Louis XIV avait méconnu un fait, c'est qu'il est des points dans l'histoire des peuples qu'on ne doit plus remuer : l'Edit de Nantes en était un. Il avait été pendant un siècle, l'honneur de la France et le principe fécond de l'élévation intellectuelle et morale de son Eglise. La révocation a obscurci les esprits, et de proche en proche a contribué à la révolution de 89 (1).

(1) *Le père Lacordaire.*

LES SALONS

LES SALONS

DE CONVERSATION

CHAPITRE I

ORIGINES DES CAUSERIES. — L'HOTEL DE RAMBOUILLET. — L'HOTEL DE NEVERS. — MADAME DUPESSIS-GUÉNÉGAUD. — MESDAMES DE SÉVIGNÉ ET DE LA FAYETTE. — LES PALAIS ROYAUX. — SALON DE MADAME DE VAUVRAY. — FONTENELLE ET ROLLIN. — LE PRÉSIDENT HÉNAULT. — LA SOCIÉTÉ DE L'ENTRESOL. — LES SALONS DU PALAIS ROYAL. — LA COUR DE SCEAUX. — LA SOCIÉTÉ DU TEMPLE. — LA MARÉCHALE DE MONTMORENCY-LUXEMBOURG.

Sous Louis XV et sous Louis XVI, au milieu des cercles à prétention e s beaux esprits, existaient des assemblées où l'on portait tout son naturel et où, sans s'évertuer à montrer de l'esprit, on en montrait, beaucoup, avec un enjouement discret et délicat, avec la grâce et la vivacité des honnêtes gens : « Société charmante, » disait, après une vie de rudes combats, M. Guizot, qui, écrivant ses mémoires, se plaisait à retrouver les souvenirs de ce passé : « société charmante, elle avait conservé le goût désintéressé des plaisirs de l'esprit, la curiosité bienveillante, le besoin de mouvement moral et de libre entretien, qui répandent sur les relations sociales tant de fécondité et de douceur. » De là cette merveille de sociabilité, l'un des cachets du règne de Louis XV, et qui n'a eu d'analogue en aucun autre pays que la France(1).

Toute la classe intelligente vivait par la conversation, et la frivolité comme la sagesse, la profondeur comme la légèreté, le bon, le mauvais, l'excellent se confondaient dans les salons et les boudoirs, qui dominaient alors les horizons embrasés de la

---

(1) Rien de tout à fait semblable dans les civilisations anciennes. Cependant le besoin d'échanger des idées rassemblait au Lycée, près de l'Ilissus ou au Portique, les plus instruits entre les Athéniens, et l'on discourait à perte de vue. Pour causer aussi, on vit, dans le premier cercle où les femmes aient été admises à prendre part à la conversation des hommes, la brillante Aspasie et l'éloquent Périclès s'entourer de Socrate et d'Alcibiade, du grand sculpteur Phidias, d'Anaxagore et de Zénon. Quant aux Romains, chez qui la matrone honnête était si peu de chose dans la Société et filait la laine dans le gynécée, ils allaient au prétoire ou au forum, disputer aussi d'éloquence au pied de la statue de Platon, ou lutter dans les jeux publics, ou s'oublier chez les courtisanes.
On trouve dans Plutarque un petit traité *Du trop parler*.

société. Un étranger qui serait venu à Paris sous la Régence du duc d'Orléans, aurait trouvé toute la ville dans la rue Quincampoix ou sur la place Vendôme, et tous les esprits dans la fièvre de l'agiotage. Venu après la Régence, il eût trouvé toute la société oisive dans les boudoirs, et toute la nation occupée à causer, surtout à partir du milieu du siècle.

Mais le goût des causeries n'était pas né à cette époque, et qui voudrait étudier la domination de l'esprit féminin, en d'autres termes les salons de conversation et les dîners et soupers caquetés, chez les peuples modernes, aurait à remonter autrement en arrière. La vie de salon, ornée par les femmes, éclairée par les gens de lettres, relevée de politesse et de goût par les gens du monde, cette vie d'épigrammes, de grands discours, de petits vers et de

---

L'art de converser a inspiré un certain nombre de poètes en France, en Italie et en Angleterre. Le premier chez nous est le père Carillon, auteur d'un petit poëme latin : *Ars confabulandi*, en un chant. Mais ses préceptes d'érudit ne sont guères bons que pour un collège : Il n'avait pas vu le monde. Parurent ensuite les vers français d'un autre jésuite, le père Janvier, sur le même sujet. Puis le père André, l'auteur distingué d'un *Essai* sur le Beau, composa un petit poëme sur cet art de converser. Il y eut encore un poëme d'un M. Marsilly et une lettre d'un M. de La Louvetière. Tous ces ouvrages sont oubliés et méritaient de l'être. Au commencement du siècle, on eut un petit poëme français de madame de Vannoz et enfin un poëme en trois chants de l'abbé Delille. Alissan de Chazet a publié aussi une jolie épitre sur l'*art de causer*. L'Italien Bondi a donné un poëme sur le même sujet ainsi que l'Anglais Stillingfleet.

belles grâces ingénieuses, commence au xiv⁰ siècle. On la voit poindre en Provence, en Italie, en Espagne. Elle se pare à Toulouse des fleurs du gai savoir avec Clémence Isaure; avec le duc de Bourgogne, Philippe-le-Bon, l'un des plus puissants princes du xv⁰ siècle, qui tenait une cour lettrée et galante, où s'était réfugié Louis XI, roi en 1461, mais qui alors avait levé contre son père Charles VII le drapeau des résistances aristocratiques, et qui, avec le sire de Créquy, le maréchal de Chastellux, Pierre de Luxembourg et Philippe lui-même, composa les *Nouvelles*, pâles contre-épreuves de Boccace. Là se réunissaient Antoine de La Salle, l'auteur du joli roman du *Petit Jehan de Saintré;* Georges Chapelain, auteur de bonnes chroniques en prose; Pierre Machault, l'écrivain le plus spirituel de cette académie, auteur du *Doctrinal de cour* et de la *Danse aux aveugles;* Olivier De La Marche, poète et chroniqueur, à qui l'on doit une *Histoire de Charles-le-Téméraire,* sous le titre du *Chevalier délibéré* et le *Triomphe et parement des Dames d'honneur* où il définit le costume d'une loyale femme qui doit avoir *Ceinture de chasteté, Tablier de diligence* et *Pantoufles d'honnesteté* (1). Les belles chatelaines et les jolies damoiselles venaient se mêler à cette cour, et l'on se livrait à d'aimables causeries. Les réunions et causeries s'épanouirent encore à Narbonne, à Ferrare, à Florence, à Mantoue, à Lyon, chez la belle cordière Louise Labé, qui traitait les questions de littérature et d'amour. Elles finirent par tenir leurs assises à l'hôtel de Rambouillet, sous la présidence de Catherine de Vivonne, et le samedi, chez mademoiselle Bocquet, sous la présidence de mademoiselle de Scudéry. Madame de Sablé continua la tradition de l'hôtel de Rambouillet en son hôtel de la place Royale.

Quand les portes de ces hôtels eurent été fermées, les débris de ces brillantes sociétés allèrent se fondre, dans l'hôtel de Nevers (hôtel de Guénégaud), que fréquentaient la marquise de Sévigné, la comtesse de La Fayette, le duc de La Rochefoucauld, monsieur de Sens (Henry de Gondren), oncle de la marquise de Montespan ; monsieur de Saintes, Louis de Bassompierre, fils naturel du maréchal et de la marquise d'Entraigues, un des plus aimables hommes de son

(1) Voir le *Tableau de la littérature française au XVIe siècle par St-Marc-Girardin,* 1829. Firmin-Didot.

temps, au rapport de madame de Sévigné ; Claude de Mesmes, comte d'Avaux, Barillon, Chastillon, qui devint capitaine des gardes de *Monsieur*, Caumartin, homme de robe comme Barillon, devenu ambassadeur en Angleterre ; l'évêque de Saint-Paul de Léon, la marquise de Feuquières, sœur d'Antoine, duc de Gramont.

Madame Du Plessis-Guénégaud, qui était sœur de la maréchale de Praslin et de la maréchale d'Etampes, réunissait les beaux esprits, pendant l'hiver, en son hôtel où s'élève aujourd'hui celui de la Monnaie, et, dans l'été, à son magnifique château De Fresnes, situé un peu au-delà de la Claye, près du confluent que forme la Beuvronne en se jetant dans la Marne. Tous les habitués et habituées s'étaient surnommés les *Quiquoix* et se considéraient comme les tritons et les naïades de la Beuvronne. Madame de Guénégaud était *Amalthée*, M. Du Plessis-Guénégaud, *Alcandre*, M. de Pompone, *Clidamant*, M. de La Rochefoucauld, *Rimanes*, etc.

Arnauld d'Andilly, le frère du grand Arnauld, parle, dans ses mémoires, d'une manière brillante de Madame Du Plessis-Guénégaud, dont lui et son fils Pompone étaient les familiers. « Notre amitié d'elle et de moi, dit-il, commença lors des guerres de Paris, où nous trouvant ensemble à Port Royal, aux sermons de l'abbé Singlin, nous parlions aussi franchement pour le service du roi qu'on peut le faire aujourd'hui.

« J'ai trouvé en Madame Du Plessis tout ce que l'on peut souhaiter pour rendre une amitié parfaite.

« Son esprit, son cœur, sa vertu semblent disputer à qui doit avoir l'avantage. Son esprit est capable de tout, sans que son application aux plus grandes choses l'empêche d'en avoir en même temps pour les moindres. Son cœur lui aurait, dans un autre sens, fait faire des actions de courage héroïques ; et sa vertu est si élevée au-dessus de la bonne et de la mauvaise fortune, que ce ne serait pas la connaître que de la croire capable de se laisser éblouir par l'une et abattre par l'autre. Enfin, pour le dire en un mot, c'est une de ces grandes dames dont j'ai parlé dans une autre partie de ces mémoires. »

Elle était fille du maréchal de Choiseul Praslin.

La terre de Pompone où résidait d'Andilly était voisine de celle de Fresnes. De là les fréquentes relations de leurs habitants. Madame de Sévigné s'était constamment rencontrée avec Madame Du Plessy à l'hôtel de Rambouillet, et toutes deux y avaient été fort goûtées.

De temps à autre la première passait une partie de l'été ou l'automne à Fresnes ; on s'empresssait d'autant plus volontiers, en 1661, chez Madame de Guénégaud qu'elle était privée de son mari emprisonné comme un des collaborateur de Foucquet. Grand curieux, ami des arts, M. Du Plessis avait orné sa résidence de Fresnes d'une riche galerie de tableaux pour laquelle le Poussin avait peint une bacchante regardée comme un chef-d'œuvre. Sa femme cultivait elle-même la peinture sous la direction d'un peintre assez habile, nommé Guillaume Loir, et son frère le graveur.

On jouait aussi des comédies, on dansait des ballets à Fresnes et Madame de Sévigné y prenait des rôles. Cette société aimait les lettres, et un jour on vit à l'hôtel de Guénégaud, Boileau venir réciter quelques-unes de ses Satyres, et Racine trois actes de son Alexandre, qui furent fort applaudis. Mesdames de La Fayette et de

Coulanges, et M. de la Rochefoucauld étaient présents.

Madame de Sévigné, dès après son veuvage, était entourée d'une foule de seigneurs et d'alcovistes empressés : le duc de Rohan, le comte du Lude, le marquis de Tronquedec. A ces seigneurs se joignaient les anciens amis de sa jeunesse : Marigny, Ménage, Bussy-Rabustin, son parent, de Retz, le parent de son mari ; puis Montmorency, Brissac, le président de Bellièvre, Montrésor, le comte de Châteaubriand, Caumartin, l'officieux d'Hacqueville, Corbinelli, Bussy-Lameth, d'Argenteuil, d'Humières, le marquis de la Sablonière, l'écossais Montrose et les officiers qu'il avait amenés après la mort de Charles Ier. Telle était alors la société habituelle, avec les femmes les plus distinguées de la cour. La même société s'augmenta encore autour d'elle. Mais elle ne fonda pas un bureau d'esprit ; elle causait avec aisance et charme ; et plus tard ses conversations furent ses adorables correspondances, œuvres éminentes d'une femme qui ne fut point auteur, mais qui n'en sont pas moins un assemblage des plus belles fleurs de notre langue.

Marie-Madeleine Pioche de La Vergne, mariée

en 1655, au comte de La Fayette, avait eu, comme Madame de Sévigné, Ménage et le père Rapin pour lui enseigner le latin, et sa sagacité lui avait révélé le secret d'un passage d'Horace sur lequel ces deux savants n'étaient pas d'accord. De plus, Ménage les rendit toutes deux familières avec l'italien et l'espagnol. Madame de La Fayette reçut à sa résidence de la rue de Vaugirard, près des jardins du Luxembourg, une société nombreuse et choisie d'hommes de cour et de gens de lettres, parmi lesquels La Fontaine, qui avait dans sa destinée de posséder des femmes célèbres pour amies et pour bienfaitrices, était devenu un de ses fréquents visiteurs. Rien de plus connu que l'extrême liaison de Madame de La Fayette avec le duc de La Rochefoucauld, l'auteur des *Maximes*. Elle dura vingt-cinq ans, et la mort seule y mit fin, en 1680. « Ils étaient nécessaires l'un à l'autre, » disait Madame de Sévigné. Madame de La Fayette ne savait plus que faire d'elle-même, après cette mort. « Tout le monde se consolera, hormis elle, ajoutait la marquise. La pauvre femme est tellement abattue de la perte de M. de La Rochefoucauld qu'elle n'est pas reconnaissable. »

Elle survécut cependant dix années à cette

perte et se livra alors à la plus fervente et austère dévotion, sous la direction de l'abbé Duguet, de Port Royal.

Elle répugnait à écrire des lettres ; mais elle causait avec un charme, une abondance et un goût inexprimables et brillait parmi les hommes de lettres qui l'entouraient. Son cercle était un des plus aimables de son temps.

Elle avait beaucoup vécu avec la première femme du frère de Louis XIV et en a écrit la vie. Elle avoit aussi été fort liée avec Marie de Nemours, qui devint femme de Charles-Emmanuel II de Savoie et après la mort de ce prince, régente de Savoie, en 1675 son fils n'avait que neuf ans.

Madame de La Fayette finit par se retirer du monde, se disant toujours fort occupée et souffrante. Elle était en effet travaillée de nervosités et de vapeurs.

Elle n'avait pas attendu d'avoir le cœur déchiré pour se vouer à servir la Régente de Savoie comme agent secret, mieux que les officiels.

Elle avait depuis longtemps épousé tout entière les intérêts de cette princesse. Il est difficile de se figurer une femme presque toujours alitée, sortant d'elle-même pour se multiplier avec une

une souplesse incroyable et entrer dans tous les détails les plus minutieux des affaires litigieuses et des intrigues de Madame Royale. C'est cependant un fait dont une correspondance, récemment découverte dans les archives de Turin, confirment le témoignage. Madame Royale, c'est ainsi qu'on appelait la Régente, comme sous le règne précédent, on avait appelé Christine, la fille de Henri IV, régente pendant la minorité de son fils Charles-Emmanuel II. La France avait alors intérêt à pénétrer les secrets de la cour de Turin. Madame de La Fayette en recueillait directement les confidences et les transmettait à Louvois. Ce qu'il y a de curieux c'est que, pendant la régence de Christine, un ministre français, Foucquet, qui aimait à se glisser partout, avait eu une pareille curiosité. Il avait établi à Turin une de ses anciennes maîtresses, Mademoiselle de Trécesson, nièce de Madame Du Plessis-Bellière, et lui avait donné de sa main des instructions, pour qu'elle épiât tous les agissements de la cour et lui en rendît compte. Il l'avait fait présenter par le vieux Bruslon, ancien introducteur des ambassadeurs à la cour de Louis XIII, qui, envoyé à celle de Turin pour organiser les cérémonies, s'y était concilié de bienveillantes relations. Sa recommandation avait été accueillie avec bienveillance, et la jeune Trécesson s'était insinuée dans les bonnes grâces de Madame Royale. Foucquet était convenu d'un chiffre pour désigner les personnages des deux cours. Le *Président*, c'était le roi ; le *Conseiller*, Mazarin ; le duc Charles-Emmanuel, *M. Du Clos* ; la régente est *Madame Aubert, Mademoiselle Le Roy* est la princesse Marguerite de Savoie, sa fille ; *Madame du Rier* est Madame Du Plessis ; *Mademoiselle du Bel Air* est la nièce de cette dernière, Mademoiselle de Trécesson ; *Monsieur* est Colbert. Les noms de lieux sont également déguisés : *Caen* est pour Lyon, *Rouen* pour Paris, La *Savoie* pour Saint-Mandé.

La fille de Gaston et de Marguerite de Lorraine, sœur consanguine de la Grande Mademoiselle, avait épousé, le 19 avril 1661, le grand duc de Toscane, Côme de Médicis, celle-là même qui, après quinze ans de séjour à Florence, quitta son mari et fut si mal reçue à Paris, comme une espèce de Colonna ou de Mazarin. L'espion de Florence donne, le 28 juin suivant, d'assez maussades nouvelles sur leur lune de miel. Le 8 juillet suivant, l'agent qui hante les plus secrets recoins du palais et dépiste les gazettes de l'alcôve, continue ses curieuses informations. Il n'est pas jusqu'à un valet de chambre sur le point d'entrer chez Colbert, qui n'ait laissé son engagement de révéler tout ce qui s'y passerait. Ces correspondances se sont trouvées dans la fameuse *Cassette aux poulets* dont le résidu, après le dépouillement fait par le roi avec sa mère, a formé deux volumes, dans *Le fonds de Baluze* à la bibliothèque nationale, qui n'ont point été connus par M. de Monmerqué ni par M. Walkenaer et qui ont été découverts par la sagacité de M. Chéruel. J'en ai donné le complet inventaire dans mes *Causeries d'un Curieux*.

La correspondance de Madame de La Fayette avait un tout autre caractère et autrement d'importance. Elle avait pour objet tous les événements politiques, le mouvement des réformes que voulait introduire le jeune duc et qui étaient contrecarrés par sa mère. Un agent diplomatique était-il envoyé à Paris, il venait prendre langue auprès de la comtesse pour tâcher de surprendre ses secrets ; mais elle demeurait bouche close, et ne disait que ce qu'elle ne voulait point taire.

Ce n'est pas en vain qu'elle avait été surnommée le *Brouillard*. L'agent se rendait auprès de Louvois où il avait toujours été devancé par Madame de La Fayette et trouvait chez le ministre une opinion arrêtée. Ainsi la politique de la Savoie était conduite par le cabinet de France, et Madame de La Fayette s'était montrée une habile diplomate. M. Rousset, dans son histoire de Louvois, déjà ancienne, pressenti ce résultat.

Le ton et le caractère des salons avaient naturellement varié suivant les époques. A peine, avant la mort de Louis XVI, faut-il chercher le vrai monde au-delà des cours de Versailles, de Fontainebleau, de Marly, de Choisy, de Chantilly, du Palais-Royal et du Temple, où régnaient tous les vices brillants empruntés à l'époque de la bonne régence de la reine Anne. C'est ce temps, où, comme le dit Saint-Evremond :

Une politique indulgente
De notre nature innocente
Favorisait tous les désirs :
Tout goût paraissait légitime,
La douce erreur ne s'appelait point crime,
Les vices délicats se nommaient des plaisirs.

L'ameublement des salons participait aux fêtes.

Des panneaux de soie ou des tapisseries encadrées de sculptures de bois doré présentaient des paysages printaniers où des baigneuses folâtraient sous les saules. Des figures de femmes ou des bergeries souriaient en-dessus des portes. Des cheminées d'où montaient des glaces encadrées de trumeaux à compartiments dorés chargés de bras de bronze qui se tortillaient portés par des amours; cheminées chargées de pendules mythologiques avec accompagnements rococos.

Une société qui se présente tout au commencement du xviiie siècle, était le cercle d'une femme aimable parmi les plus aimables, qui causait et écrivait à merveille, dont mademoiselle de Launay, depuis baronne de Staal, a parlé dans ses *Mémoires*, et sur laquelle elle a ajouté quelques détails dans une lettre à l'abbé Vertot. Cette femme était madame de Vauvray, (1) parfaitement inconnue

---

(1) M. de Vauvray, qui était intendant de la Marine, avait acheté cent mille francs la charge de maitre d'hôtel ordinaire du roi, qui en avait coûté plus de quatre cent mille à son vendeur, et devint en 1715 du conseil de Marine.

Madame de Vauvray avait pour frère le capitaine aux gardes Ferrand, qui vendit sa compagnie, en 1691, soixante-dix-sept mille livres à d'Hanyvel ; et devint en 1715, membre du conseil du dedans du royaume, puis maitre des requêtes à l'intendance de Bourgogne, à la place du sieur d'Argouges, et fut fait chevalier de Saint-Louis en 1718.

de nos jours, mais fort goûtée de son temps. Elle recevait la meilleure compagnie près du jardin du roi avec lequel sa maison communiquait (1). Alors que mademoiselle De Launay était encore dans les premières luttes de ses misères, et habitait le couvent de la Présentation à Rouen, le vieil anatomiste Joseph Guichard Duverney, qui demeurait au Jardin des Plantes, lui avait fait faire la connaissance de cette dame, « physionomie singulière, mais de beaucoup d'esprit. » M. de Vauvray, quoique peu complaisant pour sa femme, voyait volontiers chez elle son invitée. « Elle y trouva une belle maison que la dame avait fait bâtir, un domestique considérable, bien des équipages, une table délicatement servie, d'agréables promenades, tant dans son propre jardin que dans celui des simples dont elle avait les clefs. » Elle y trouva surtout une société souvent peu nombreuse, mais toujours distinguée, dont l'abbé de Choisy, l'abbé de Mongault, le voyageur Chardin et le spirituel Ferrand, neveu de madame de Vauvray, formaient

(1) La maison existe encore. Elle a été réunie au Jardin des Plantes. C'est celle dont le grand corps de logis est voisin du cabinet d'anatomie comparée. Elle avait son entrée par l'ancienne rue de Seine, aujourd'hui rue Cuvier. Elle est à présent consacrée, partie au logement des professeurs-administrateurs du jardin, et partie au cabinet anatomique.

le fonds. Ce fonds se rehaussait de temps à autre de la présence du bon Charles Rollin, du peintre Hyacinthe Rigaud, des musiciens Destouches et Richard Delalande, de l'avocat général Joly de Fleury, de Jean et Nicolas Bernoulli, de Fontenelle, des ducs de La Feuillade et de Rohan. C'était, dit mademoiselle De Launay, les plus merveilleux entretiens où Duverney répandait un charme inexprimable, par l'esprit et le feu de son éloquence, surtout dans les petits cercles intimes où chacun est soi-même : « Vous avez bien raison, ajoute-t-elle à Vertot, de dire qu'on a partout occasion d'apprendre à connaître les hommes : il suffit d'avoir les yeux ouverts. On les surprend à la volée dans les grandes assemblées où ils sont plus comédiens qu'ailleurs ; mais, dans les petits cercles, l'homme est moins sur ses gardes, et s'échappe sans y songer, par tous les pores, comme disait notre ami Duverney, dans ses démonstrations. Qui ne serait de votre avis sur monsieur de Fontenelle ? Il a ses jours. Il parle de la paresse en homme qui s'y connaît, et il lui arrivait très souvent de rester silencieux chez madame de Vauvray et de ne dépenser que sa petite monnaie d'esprit, tandis que l'abbé de Choisy vidait sa bourse tout d'une bordée. Il est vrai qu'elle était tout aussi pleine un autre jour. Je n'ai jamais vu chez personne comme chez M. de Fontenelle l'art d'écouter, de donner de l'esprit aux autres et de railler sans malice. Il montre toujours une finesse charmante avec une réserve qui semble, comme on le lui dit un jour, avoir peur d'avoir raison. Ainsi que les gens du grand monde qui savent si bien la mesure de chaque chose qu'il faut faire, il parle toujours à propos. Je me demande comment un semblable caractère a pu avoir des ennnemis. L'homme qui m'a ensuite le plus frappé chez madame de Vauvray est monsieur Rollin que je vis trois fois chez elle, à propos de son fils. Oh! celui-là, j'ai compris, dans une certaine soirée, toute sa valeur. Il faut qu'on le respecte. Je défends qu'on l'appelle seulement un bonhomme : non, non, il a l'esprit réglé, l'âme sensible et candide, et aucune défiance ne défend l'entrée de son cœur ; mais aussi toute sa force vient du sentiment, et il porte la bonté jusqu'au sublime. On est mieux qu'un bonhomme quand on a une pareille élévation. »

Mademoiselle De Launay, fille d'un peintre mort en exil, élevée dans un couvent de Rouen, et placée par la duchesse de La Ferté, comme femme de chambre, auprès de la duchesse du Maine, eut beaucoup à souffrir chez Son Altesse. Madame du Maine ne paya guère en effet que par un dédain superbe et tyrannique, le dévouement, parfois sublime, et le vrai courage qu'elle montra après la conspiration de Cellamare, où la duchesse fut si fort compromise. C'était une fille supérieure, digne de ménagements et d'estime, qui, dans sa jeunesse, avait étudié avec passion la métaphysique, la géométrie et même l'anatomie. Elle devait la teinture de cette dernière science à ce professeur du jardin du roi, Duverney, dont l'éloquence était si attrayante et si merveilleuse, qu'elle avait mis l'anatomie à la mode parmi les gens du monde, et que les comédiens venaient l'entendre pour se former à l'art de parler en public. Fontenelle se plaisait beaucoup à sa conversation brillante.

Bien avant la mort de Louis XIV, Fontenelle, Lamotte, Jean-Baptiste Rousseau, Dufresny, Boindin, Saurin, l'abbé Terrasson, l'abbé Depont, Lassay, le comte de Morville, depuis successeur du cardinal Dubois, au ministère des affaires étrangères, du mois d'août 1723 au 19 août 1727, et l'un des quarante, se réunissaient tour à tour à table, chez La Faye, chez le comte de Verdun, chez le président Hénault, chez le comte d'Albret, et c'étaient des causeries à perte de vue.

Hénault dînait souvent aussi chez l'abbé de Chaulieu, c'est-à-dire dans l'appartement qu'occupait ce dernier au Temple, où le grand prieur de Vendôme faisait porter un excellent repas. On trouvait encore chez le grand prieur des veines de cette gaieté du temps qu'il était de mode de boire. Là, paraissaient M. de Caumartin, l'abbé de Bussy-Rabustin, depuis évêque de Laon, fils du comte de Bussy et l'homme le plus spirituel de son temps, le chevalier d'Aydie, le bailly de Froullay, d'Aremberg, le chevalier de Caux, qui faisait penser à Thévenard, quand il chantait, etc.

Né à Paris, le 8 février 1685, mort le 8 février 1770, fils d'un fermier général, et assez riche pour n'avoir besoin de personne, comme dit d'Argenson, son meilleur ami, Hénault avait maison ouverte pour la meilleure compagnie. Déjà connu par le succès de vers légers, il avait acquis une grande réputation par son *Abrégé chronologique de l'histoire de France* et devint surintendant de la maison de la Dauphine. Il se rendit non moins fameux par ses soupers que par son esprit. Ayant visité Voltaire à Ferney, il y fut reçu avec une grâce particulière par le patriarche et par la marquise Du Chastelet, qui s'y trouvait alors. Tout le monde connait l'épître du Seigneur de Ferney au Lucullus moderne. En voici quelques vers dont on aimera se souvenir:

>	Hénault, fameux par vos soupers
>	Et par votre chronologie,
>	Par vos vers au bon coin frappés,
>	Pleins de douceur et d'harmonie.

Ce début fâchait un peu le président jaloux de rien devoir de son succès à son cuisinier; pour le calmer le vieux lion ajoutait:

>	Les femmes l'ont pris fort souvent
>	Pour un ignorant agréable,
>	Les gens en *us* pour un savant,
>	Et le dieu joufflu de la table
>	Pour un connaisseur très gourmand.
>	Qu'un bon estomac soit le prix
>	De son cœur, de son caractère,
>	De ses chansons, de ses écrits.
>	Il a tout: il a l'art de plaire,
>	Mais il n'a rien, s'il ne digère.

N'oublions pas de rappeler ici la *Société de*

l'*Entresol*, formée en 1697, sorte de petite académie fondée dans le but de s'occuper de tous les sujets qui ne faisaient pas l'objet du travail des trois académies existantes: théologie, morale, politique, anthropologie, biographie et même autographes. Son nom lui était venu de ce qu'elle s'était ouverte chez l'abbé Alary, précepteur du Dauphin, et membre de l'Académie française, logé à l'entresol, chez le président Hénault, place Vendôme. Elle continua à la bibliothèque royale, quand l'abbé y reprit son logement. On compte parmi ses premiers membres Alary, le marquis d'Argenson et le comte de Plélo. Vinrent ensuite messieurs de Balleroy, de Coigny, le marquis de Matignon, MM. de Champeaux, d'Autrey, de Pallu, intendant de Lyon; de Caraman, Saint-Contest et son fils, Ramsay, les abbés de Bragelonne, de Pomponne et de Saint-Pierre; le chevalier de Chamilly, le duc de Noirmoutiers, Lassay le père, M. de Lafautrière, l'avocat général du grand conseil, M. d'Oby. Le premier volume des *Mémoires* de ce marquis d'Argenson contient des détails intéressants sur cette petite Académie. Pour ne pas porter ombrage au gouvernement, les entresolistes avaient juré de garder le silence sur les sujets qui auraient été traités dans leurs séances. On y voyait de temps en temps le vieux Torcy, et le premier ministre Fleury en suivait les travaux avec une attention qui finit par dégénérer en défiance. On peut considérer cette Société de l'Entresol comme le précurseur et le modèle de l'Académie des sciences morales et politiques de nos jours.

Les salons du Palais-Royal, célèbres par les soupers du Régent, brillaient d'un éclat incomparable dans les grands jours. Dans les petits, une table s'ouvrait autour de laquelle une vingtaine de personnes, invitées une fois pour toutes, venaient s'asseoir : Madame de Boufflers-Rouvrel, Madame de Beauvau, Madame de Luxembourg, Madame de Ségur et sa belle-fille, la bizarre marquise de Fleury, Madame de Blot, la baronne de Talleyrand, Madame de Genlis, Madame de Barbantane, la comtesse de Montauban, la comtesse de Rochambeau, et la laide, mais spirituelle marquise de Polignac, la joie de cette société.

Les femmes le plus en vue de la Régence, les Sabran, les Parabère, et plus tard les De Prie n'ont point eu l'illustration d'un salon, dont l'honneur accompagne les noms de femmes moins fameuses. Law en eut un que sa femme égayait et où il marchait, la tête haute, comme le dieu Plutus, en faisant des contes fort écoutés.

La cour de Sceaux, présidée par la duchesse du Maine, cette petite âme vaine, usée de grandes et de petites passions et de petits vers, néanmoins femme de beaucoup d'esprit, avait perdu de sa première splendeur, et les feux des *Grandes Nuits* s'étaient à peu près éteints. Mais pour être moins brillante, cette cour n'en était pas moins aimable. Peu faite pour la politique, la duchesse du Maine avait jeté son mari dans les intrigues de la conjuration de Cellamare, et abreuvé d'amertumes la vie de ce malheureux prince, peu fait lui-même pour les luttes. Enfin, après avoir expié ses faiblesses par une année de détention à la citadelle de Doullens, le duc avait obtenu d'aller habiter son château de Clagny. Il avait fait sa paix avec le Régent, le moins rancunier de tous les hommes, et avait été rétabli dans l'exercice de toutes ses charges. Quand la duchesse eut à son tour obtenu la liberté, il se laissa aller aux instances de sa femme et vint se fixer avec elle à Sceaux. Tel fut le berceau de cette société despotique et à la fois esclave, qui tranchait en souveraine sur les arts et la littérature, et que l'obligation d'avoir toujours de l'esprit argent comptant, de s'ingénier sans relâche et de charmer les ennuis de l'impatiente divinité avait fait surnommer par un des habitués « les galères du bel esprit. » Des personnes de considération la composaient encore : La fille du premier président Bruslart, la sage madame de Charost, depuis duchesse de Luynes ; la marquise de Lambert, le cardinal de Polignac, le premier président de Mesmes, la baronne de Staal, le marquis de Sainte-Aulaire, qu'une renommée faite de quelques vers octogénaires avait porté à l'Académie française. Un jour que la duchesse l'engageait à aller se confesser comme elle, le marquis, âgé de quatre-vingt-dix ans, répondit :

> Ma bergère, j'ai beau chercher,
> Je n'ai rien sur ma conscience,
> De grâce faites-moi pécher ;
> Après je ferai pénitence.

Elle répliqua gaillardement pour une princesse :

> Si je cédais à ton instance,
> On te verrait bien empêché,

> Mais plus encore du péché
> Que de la pénitence.

Excédé de la dépense d'esprit qu'il fallait faire, il fut un des premiers à courir chez Madame de Lambert pour se rafraichir les sens, et il s'écriait :

> Je suis las de l'esprit, il me met en courroux,
> Il me renverse la cervelle ;
> Lambert, je viens chercher un asile chez vous,
> Entre Lamotte et Fontenelle.

Parmi les assidus, on voyait encore : la présidente Dreuillet, qui éternuait des chansons, d'Advisard, ancien procureur général au parlement de Toulouse, madame d'Estaing, la duchesse de Saint-Pierre, la duchesse d'Estrées, l'abbé de Vaubrun, son frère le marquis de Clermont-Chatte, l'homme galant qui avait sur sa liste la grande princesse de Conti, fille de Louis XIV, mademoiselle Chouin et Madame de Parabère. On voyait également madame Du Deffand qui répondit si plaisamment au cardinal de Polignac s'émerveillant sur ce que Saint-Denis avait pu porter son chef dans ses mains, pendant deux lieues : « Il n'y a que le premier pas qui coûte. »

Après les réunions de la belle société au Palais-Royal, on avait celles du Temple, où depuis la mort de la charmante Madame D'Ailly, régnait avec tant de grâce et de distinction, la non moins charmante comtesse de Boufflers-Rouvrel, prêtresse de Flore et de Pomone à l'île Adam, l'*Idole* au Temple pour le grand prieur, Louis-François de Bourbon, prince de Conti, fils de celui qui avait été élu roi de Pologne. Cette cour fort nombreuse, qui avait ses grandes assemblées comme ses réunions familières, appelait tout ce que la cour avait de plus brillant. On voit dans les galeries de Versailles, un petit tableau d'un peintre à peu près inconnu, nommé Olivier, qui donne une sorte de miniature d'une de ces assemblées familières. Ce tableau exposé au salon de 1777, mais peint depuis 1763, est intitulé *Le thé à l'anglaise dans la cour du prince de Conti*. On est assemblé au salon des quatre glaces, salon clair aux boiseries blanches, aux lignes droites ; par les hautes fenêtres, on a une échappée de vue sur le ciel et sur du feuillage. Rideaux de soie rose aux fenêtres. Des portraits de femmes rient sur les dessus de portes. A droite, une table à laquelle sont assis le bailli de Chabrillant et le mathématicien Dortous de Mairan. La princesse de Beauvau, debout, vêtue de violet tendre, un fichu noir au cou, verse à boire au mathématicien. Sur le devant, les comtes de Jarnac et de Chabot, le premier tenant un plat, l'autre mangeant un gâteau. Le président Hénault, vêtu de noir, est assis devant un paravent de soie rose à fleurs ; mademoiselle Bagarotti, dont le prince de Conti se déterminera à payer les dettes, et qui porte une robe de soie rayée de blanc et de cerise, est assise toute seule devant un guéridon, près duquel une bouilloire pose sur un fourneau portatif. Antoine de Ferriol, comte de Pont-de-Veyle, philosophe sans affiche, ami fidèle et constant, très recherché de tout le monde, assorti à toutes les sociétés, frère aîné du comte d'Argental, s'appuie sur le dossier d'un fauteuil; le prince d'Hénin, debout, hors de là trop occupé de la facétieuse cantatrice mademoiselle Arnould, et de Mademoiselle Raucourt de la comédie française, appuie la main sur le dossier d'une chaise sur laquelle est assise la maréchale de Montmorency-Luxembourg, vêtue d'une robe de satin blanc, garnie de fourrure. Entre eux, mademoiselle de Boufflers, depuis duchesse de Lausun-Biron, vue de profil, les cheveux à peine poudrés, portant une robe rose, les épaules couvertes d'une gaze blanche, jeune fille, chef d'œuvre de douceur, de grâce et de candeur, dont la vie fut un long sacrifice, et la mort un martyre, sur l'échafaud. La maréchale de Mirepoix verse du thé à madame de Vierville en pelisse bleue, madame de Mirepoix, de la maison de Craon, veuve en premières noces du prince de Lixin, de la maison de Lorraine, tué en duel par le duc de Richelieu, son beau-frère, et dont la hauteur, décente d'ailleurs et réservée, rappelait la fierté de cette première alliance. Le prince de Conti s'était laissé représenter de dos, en perruque, causant avec Trudaine. A gauche, Mozart, tout enfant, assis, touche du clavecin, tandis que le merveilleux Jélyotte, debout, chante en s'accompagnant de la guitare. Le chevalier de Laurency, gentilhomme du prince et que Jean-Jacques Rousseau, en ses *Confessions,* appelle « le Sigisbé ou plutôt le complaisant de Madame de Rouvrel, » est debout derrière Mozart. A côté, le prince de Beauvau, assis, lit une brochure. Cette vieille grande dame, de si belle mine sous son petit bonnet rabattu par devant et qui laisse traîner derrière elle la queue de sa robe rouge, est la comtesse d'Egmont la mère, qui coupe un gâteau. Cette petite personne qui passe au premier plan du tableau, tenant une serviette et un plat, est la spirituelle comtesse d'Egmont la jeune, née Richelieu. Une jeune femme en bonnet blanc et rose, en fichu blanc, à la robe d'un vert vif, au tablier à bavette de tulle uni, et qui sert d'un plat posant sur un réchaud, est la comtesse de Boufflers-Rouvrel. Un violoncelle et des cahiers de musique sont posés dans l'angle à gauche. On lit sur un papier :

De la douce et vive gaieté,
Chacun nous donne ici l'exemple.
On dresse des autels au thé,
Il méritait d'avoir un Temple (1)

C'était l'habitude de ces fêtes familières du prince de Conti d'en bannir tous les valets et de faire faire le service par les habitués et surtout par les dames. C'était de même aux soupers, grâce à cette intervention aimable et aux meubles-servantes préparés et garnis aux quatre coins des tables. Le prince avait aussi de grandes réceptions générales où figurait toute la cour. On voyait souvent au milieu de tout ce monde, des diplomates et des voyageurs étrangers. On y vit particulièrement la sœur du duc de Richmond,

(1) Voir le *Catalogue des galeries de Versailles* par Soulié.

la belle lady Sarah Bunbury, née Lennox, si fort compromise par les *Mémoires* de Lausun-Biron.

L'âme de ces fêtes était la maîtresse du prince, la comtesse de Boufflers-Rouvrel, qu'il avait commencé à connaître au Palais-Royal chez la duchesse d'Orléans, sa sœur, et la liaison avait fini par prendre le caractère d'un mariage et par être respectée de chacun. Il est une petite personne qui eût bien désiré de paraître à ces fêtes, et qui venait souvent au Temple, quand il n'y avait pas de grandes réunions, c'était une actrice, nommée Auguste, qui jouissait de la protection du duc.

Le peintre Olivier a, encore aux galeries de Versailles, un petit tableau représentant un souper du prince.

La femme la plus remarquée dans ces réunions du Temple, était la maréchale duchesse de Montmorency-Luxembourg, dont le mari était plus qu'aimable, car il était bon. Cette duchesse, petite-fille du maréchal de Villeroy, et, du côté de la figure, une des femmes accomplies qui aient jamais paru, était aussi une des plus compromises du xviiie siècle. Pendant son premier mariage avec le comte de Boufflers, elle avait mérité d'être stigmatisée par de rudes couplets du comte de

Tressan, qui lui valurent un vigoureux soufflet. Devenue veuve, elle avait donné à l'un de ses amis, le maréchal de Luxembourg, l'ordre de l'épouser. Alors, elle pensa à jeter au feu tout son passé, ne gardant pendant quelque temps en dehors que le duc de Richelieu. Elle se fit bonne femme et devint l'arbitre souveraine du goût. Elle acheva de se faire pardonner son passé par l'excellente éducation qu'elle donna à sa petite fille, mademoiselle de Boufflers. Elle la fit son héritière, et, malheureusement, la maria avec le héros de la légèreté, le duc de Lausun-Biron qui ne descendait point de nom par de Caumont le Lauzun du temps de Louis XIV. La trouvant maussade, il ne la pouvait souffrir et la rendit très malheureuse, malgré toutes ses grâces, ses vertus et le sincère amour qu'elle lui portait et qu'elle avait la dignité de lui cacher. J.-J. Rousseau qui, dans ses confessions, la peint à l'âge de onze ans, en fait un portrait touchant : « C'était, dit-il, une charmante personne. « Elle avait vraiment une figure, une douceur, une timidité de Vierge. » Rien de plus aimable et de plus intéressant que sa figure, rien de plus tendre et de plus chaste que les sentiments qu'elle inspirait. »

Madame Necker, dans sa première jeunesse, avait tracé de la jeune Madame de Lausun un portrait délicat, qu'elle terminait ainsi : « Les portraits d'imagination sont les seuls qui lui ressemblent. » Elle la recommandait, comme une vierge orpheline à son bon ange gardien. « O vous, ange protecteur, s'écriait-elle, à qui le ciel a confié les jours et les vertus de sa chère Amélie, ange qui vous attachez à ses pas au milieu des dangers dont elle est environée, faites qu'elle acquière encore de nouvelles vertus et de nouveaux charmes ; secondez ses touchants efforts, et hâtez ses progrès vers la perfection. » Hélas ! la délicieuse duchesse qui n'avait pas cessé d'être un modèle, fut subitement arrêtée dans la vie par la Terreur.

On dit de la duchesse de Montmorency que quelquefois, mais rarement, elle reprenait des accès de son ancien caractère : elle devenait moqueuse et sarcastique à outrance ; c'était un sauve-qui-peut général. Dans tous les cas, elle régnait sur la société, à cette époque où les femmes régnaient et gouvernaient. « Elles ont tellement pris le dessus, chez les Français, dit Collé dans ses mémoires, elles les ont tellement subjugués, qu'ils ne pensent et ne sentent plus que d'après elles. »

Dans la seconde partie du siècle, la duchesse avait ouvert un salon fort suivi et qui eut une grande influence sur le mouvement social du temps. Elle donnait deux grands soupers, la semaine. Tout ce que la bonne compagnie possédait de personnages estimés y affluait et contribuait, sous sa présidence, à donner l'essor aux idées nouvelles et à maintenir en même temps les traditions du bon goût et de l'urbanité. La Harpe venait y lire ses *Barmécides*: Gentil Bernard y déclamer son *Art d'aimer*. Jean-Jacques Rousseau lisait en particulier à la duchesse sa *Julie*. Les sujets les plus délicats étaient traités dans les réunions au courant de la conversation, comme aux soirées de madame Du Deffand. On décidait des opinions, des usages, des étiquettes, des questions de philosophie et de morale, et c'est de la duchesse de Montmorency-Luxembourg que l'on pouvait dire, comme la *Nouvelle Héloïse*, qu'un point de morale ne serait pas mieux discuté dans une société de philosophes que dans celle d'une jolie femme de Paris.

Pierre-Victor, baron de Bésenval, lieutenant-colonel des Gardes Suisses, qui a donné des mémoires, a beaucoup prêté de scandaleuses aventures à la maréchale : Il est permis de se défier de ce témoignage ; mais il a consigné dans ces mêmes mémoires, une parole qui explique la considération dont jouit la maréchale à la fin de sa vie : « En France, pourvu qu'on soit opulent et qu'on porte un beau nom, non seulement tout s'oublie, mais même on peut jouir d'une vieillesse considérée après une jeunesse des plus misérables. »

Le duc de Lévis a mieux parlé de la maréchale que le baron de Bésenval, ce temoignage est celui auquel il faut s'en tenir :

« Jamais censeur romain n'a été plus utile aux mœurs de la république que la maréchale de Luxembourg l'a été pendant les dernières années qui ont précédé la Révolution, à l'aide d'un grand nom, de beaucoup d'audace et surtout d'une bonne maison, elle était parvenue à faire oublier une conduite plus que légère et à s'établir arbitre souveraine des bienséances, du bon ton et de ces formes qui composent le fond de la politesse. Son empire sur la jeunesse des deux sexes était absolue : elle contenait l'étourderie des jeunes femmes, les forçait à une coquetterie générale, obligeait les jeunes gens à la retenue et aux égards; enfin, elle entretenait l'urbanité française. C'était chez elle que se conservait intacte la tradition des manières nobles et aisées que l'Europe entière venait admirer à Paris et tâchait en vain d'imiter. »

CHAPITRE II

L'HÔTEL DE SULLY. — LES SALONS DE LA MARQUISE DE LAMBERT. — MADAME DE TENCIN. — MADAME GEOFFRIN.

En 1720, l'hôtel de Sully était renommé pour ses assemblées. Le duc de Sully était un homme aimable qui, au témoignage du président Hénault, se ressentait d'avoir vécu avec des gens d'esprit et de goût, comme un flacon qui a contenu de l'eau de senteur, en garde le parfum. La duchesse, fille de madame Guyon, avait été deux fois mariée, la première avec le comte de Vaux, la seconde avec M. de Sully. Là, brillait madame de Flamarens, dont la beauté mystérieuse rappelait la Vénus de l'Énéide sous la forme d'une mortelle. Elle était en son nom Beauvau. Elle joignait à la beauté et à un esprit réellement supérieur une conduite hors de tout reproche. Jamais le soupçon ne l'atteignit à cette époque abandonnée. Le duc, depuis maréchal de Richelieu, qui avait le privilège de faire cheoir les vertus de son temps, venait de quitter mademoiselle de Charolais, de la maison de Condé, pour tenter cette conquête. Elle eut l'adresse et la fermeté de lui échapper (1). Madame de Gontaut, « qui ressemblait à la Cléopâtre piquée d'un aspic, » et qui n'était pas tout aussi sauvage que madame de Flamarens, faisait encore un des plus grands agréments de cette société (2). On y voyait aussi le comte de Plélo, M. de Caumartin, ancien intendant des finances, et qui conservait une grande considération; l'évêque de Blois, son frère; l'abbé de Bussy, le comte d'Argenson, le président de Lamoignon, Ramsay, qui, dans le petit comité, lisait son *Cyrus*, trouvé alors charmant, mais qui à l'impression perdit tout son succès.

C'est à cet hôtel que le jeune Voltaire, qui y vivait comme l'enfant de la maison et y avait commencé sa *Henriade*, fut violemment et lâchement outragé par des valets qu'avait apostés le chevalier de Rohan, avec lequel il avait eu une discussion et dont il s'était moqué. Frappé aux portes, il rentra tout en désordre pour

---

(1) Mémoires du président Hénault, page 87.
(2) Idem ibid.

demander justice au duc de Sully qui ne tint compte de ses plaintes. Alors ne pouvant réussir à obtenir satisfaction du chevalier qui ne voulait pas se battre, Voltaire usa du genre de vengeance qui était à sa disposition; il substitua, dans son poème, le nom de Mornay à celui de Rosny.

On prisait surtout aussi les conversations de l'honnête et spirituelle marquise de Lambert (Anne-Thérèse de Marguenat de Courcelles) née en 1647, élevée par le second mari de sa mère, Bachaumont, le collaborateur du piquant voyage de Chapelle, mariée en 1666, au lieutenant-général, marquis de Lambert, gouverneur du Luxembourg en 1684, veuve en 1686 et qui poussa son existence jusqu'en 1733, âgée de près de quatre-vingt-six ans. C'était une lettrée sans prétention et sans pédantisme, mais non sans quelque manière, laissant apercevoir le souvenir de l'hôtel de Rambouillet. Elle avait écrit pour sa famille et pour quelques amis des *Avis d'une mère à sa fille,* et des *Avis d'une mère à son fils,* écrits excellents, pleins de sensibilité, d'une raison qui émeut et captive. Elle voulait éviter la publicité autant que d'autres la recherchent. Elle vit cependant ses *Avis* imprimés subrepticement.

L'œuvre tomba entre les mains de Fénelon qui en fut fort frappé. « Tout m'y paraît, écrivit-il à l'avocat de Sacy, le traducteur des Lettres de Pline le jeune, exprimé noblement avec beaucoup de délicatesse. Ce qu'on nomme esprit y brille partout ; mais ce n'est pas ce qui touche le plus. On y trouve des sentiments et des principes ; j'y vois un cœur de mère sans faiblesse, l'honneur, la probité la plus pure, la connaissance du cœur des hommes.... Jugez, monsieur, par l'impression que cet ouvrage a faite sur moi ce que je pense de cette digne mère. » L'âme de l'évêque de Cambrai était faite pour comprendre ce qu'il y avait de cœur chez madame de Lambert. Cette conformité de sentiment les rapprocha. Elle eut d'autres amis dignes d'elle. Dans ses réunions paraissait de temps à autre la duchesse du Maine, et fréquentaient, le jour, Fontenelle et Lamotte-Houdar, le président Hénault, Dortous de Mairan, M. de Valincour, le marquis d'Argenson, les abbés de Chaulieu, de Choisy, Montgault, Fraguier, Trublet et de Bragelonne, le père Buffier, les frères Boivin, M. de Sacy, Terrasson, Trudaine, le comte de Plélo, la maréchale de Villars, madame d'Aulnoy, madame de Muralt, madame de

Fontaines, mademoiselle de Launay, baronne de Staal; madame de Caylus, Catherine Bernard, la nièce de Fontenelle ; et madame Dacier, qui, au dire de Madame de Lambert savait associer l'érudition aux bienséances, elle profita de l'occasion pour discuter avec Lamotte sur la précellence des anciens. Madame de Lambert travailla avec M. de Valincour, à les réconcilier. On eût un dîner de paix ; on but à la santé d'Homère, et tout se passa bien.

On vit encore se presser à l'envi chez la marquise, la présidente Dreuillet et parfois la charmante actrice, Adrienne Lecouvreur; le soir, d'autres personnages, littérateurs plus gais, au milieu desquels elle demeurait toujours la même, bien qu'ils dépassassent quelquefois les bornes qu'elle mettait aux explosions de leur gaieté. Hénault était des deux réunions, dogmatisait le matin et chantait le soir. C'est par madame de Lambert, académicienne *in partibus*, comme l'appelle M. de Lescure, qu'il fallait passer pour devenir un des quarante. Au dire de M. d'Argenson, elle avait fait la moitié des académiciens.

Elle l'avait engagé à se présenter, l'assurant qu'il serait reçu. C'était un de ses meilleurs amis,

et il la regretta vivement à sa mort. « Elle était,
dit-il, mon amie depuis longtemps. Les savants
et les honnêtes gens se souviendront longtemps
d'elle. » Voyez son éloge dans le *Mercure Galant*
de ce mois (Août 1733). Elevée par Bachaumont,
nourrie de la lecture des anciens, dans les traduc-
tions seulement, n'ayant fréquenté que des gens
de mérite, ayant cultivé son esprit, son cœur,
sa vertu, elle n'eut de passion qu'une tendresse
constante et assez platonique (nous croyons qu'il
s'agit du marquis de Sainte-Aulaire). Elle était
riche, faisait bon et honorable usage de ses ri-
chesses et fit du bien à ses amis et aux malheureux autant qu'elle put. Ses œuvres se ressentent
de tant de bonnes sources; on y trouve quelque
affectation dans les termes : ils sont cependant
justes et expressifs, quoique parfois néologi-
ques et trop figurés. Mais que de belles choses
dans tout cela sur les femmes, l'amitié et la
vieillesse principalement! livres à lire continuel-
lement.... Ces ouvrages contiennent un résumé
complet de la morale du monde et du temps
présent la plus parfaite. Il y avait quinze ans que
j'étais de ses amis et qu'elle m'avait fait l'honneur

de m'attirer chez elle. Sa maison faisait honneur à ceux qui y étaient admis.

« J'allais régulièrement dîner chez elle les mercredis, qui étaient un de ses jours. On y raisonnait sans qu'il fût question de cartes, comme au fameux hôtel de Rambouillet, si célébré par Voiture et Balzac (1). »

Il faut qu'elle ait été pénétrée d'une bien robuste indulgence en faveur de cet étourdi d'abbé de Choisy, mort à quatre-vingts ans sans avoir tout à fait atteint l'âge viril, pour que cet abbé ait osé, comme il l'a fait, lui dédier le récit de ses travestissements et de ses graveleuses aventures dans ses premières années. Le salon de la marquise de Lambert dura vingt ans, de 1710 à 1730. Il fut un des derniers reflets du grand siècle. Jamais, en effet, n'y furent admis ni le jeu ni l'agiotage, et il demeura comme une protestation vivante contre les orgies de la Régence. Ce salon se tenait dans un fragment de l'ancien palais Mazarin, à l'extrémité de la galerie qui aboutit à la rue de l'arcade Colbert sur la rue de Richelieu. On s'assemblait le mardi et le mercredi (1).

---

(1) Mémoires du marquis d'Argenson, t. I, p. 163, 164 édition de la *Société de l'Histoire de France*.

A cette époque, on trouve le salon de Madame de Tencin, la seule femme dont je consentisse à dire du mal, en pensant beaucoup. C'était une femme d'infiniment d'esprit et de sagacité, mais un génie fourré d'intrigue et de fausse bonhommie. Née en 1681, au château de Tencin, situé dans les Alpes Dauphinoises, Claudine-Alexandrine Guérin de Tencin, fille d'un président à mortier au parlement de Grenoble, avait été mise fort jeune comme élève dans un couvent de Bénédictines, couvent de filles nobles, voisin du château de sa naissance, et finalement avait été contrainte par sa famille d'y faire profession, malgré ses répugnances et ses larmes. Elle se sentait faite pour l'éclat du monde, et la réclusion n'allait nullement à son esprit remuant. Son couvent tenait un peu de ces couvents de Venise où les visites mondaines se succédaient sans relâche et offraient les avant-coureurs des galanteries d'une société facile. Elle réussit à se faire relever de ses vœux en 1714, par bulle pontificale. Déjà même, en 1712, elle jouissait de la demi-

---

Il faut lire touchant cette dame un article extrêmement intéressant de M. Charles Giraud, dans le *Journal des Savants* (février 1880).

liberté de chanoinesse du chapitre de Neuville-les-Nonnes où elle ne mit jamais le pied. Une fois sécularisée, son esprit et sa beauté qui l'avaient fait fort goûter au couvent, lui ouvrirent toutes les portes du grand monde, et elle jouit sans mesure de ses succès. Le premier personnage sur lequel elle essaya le pouvoir de ses attraits paraît être le diplomate poète, Matthieu Prior, qui figurait à Paris, en 1711, en qualité de ministre plénipotentiaire de la Grande-Bretagne. Cette liaison a laissé des traces dans la correspondance de Prior avec Bolingbroke publiée à Londres. Prior aurait eu auprès d'elle pour successeur, sinon pour prédécesseur, le fameux lieutenant de police, depuis garde des sceaux, Marc-René d'Argenson. Elle se serait ensuite affiliée au Régent, mais pour un instant seulement, car ce prince, qui ne voulait que des maîtresses, et non d'indiscrètes confidentes, ne s'était pas accommodé d'une femme qui voulait tirer parti de sa faveur, et il l'avait promptement congédiée. Alors, selon la flétrissante expression du duc de Saint-Simon, elle « tomba du maître au valet, » le trop fameux Dubois. Malgré toute son adresse à cacher sa vie, elle eut un jour une liaison qui fut suivie de scandale. Elle vécut d'abord avec le chevalier Destouches-Canon, commissaire provincial dont elle eut un enfant qui devint le fameux d'Alembert, qu'elle abandonna et qui fut élevé par une pauvre vitrière qui le ramassa à la porte d'une église où il avait été exposé. Succéda promptement une liaison nouvelle qui devait la compromettre, avec un ancien avocat au Conseil, ancien banquier en cour de Rome, De La Fresnaie. Grâce à l'amitié de Dubois, elle avait fait un évêque de son frère aîné, l'abbé de Tencin. Celle de Law l'avait enrichie. Des difficultés avec son amant qui, dans un document testamentaire, l'accusait de l'avoir ruiné par cupidité, exaspérèrent le malheureux, qui se tua chez elle. La justice, soupçonnant un assassinat, la jeta à la Bastille ; mais elle en sortit justifiée. Alors elle se fit auteur, philosophe et même théologienne, et correspondit avec le pape Benoît XIV. Elle écrivit des romans, dont l'un, *le Comte de Comminges*, est qualifié de chef-d'œuvre par M. Villemain. A cette époque, elle ouvrit un salon qui fut fort suivi et où elle affecta toutes les apparences d'une bonne femme. Elle dit sans façon à Marmontel : « Malheur à qui attend tout de sa plume ; rien de plus casuel. L'homme qui fait des souliers est sûr de son salaire ; l'homme qui fait un livre ou une tragédie n'est jamais sûr de rien. »

Là, se pressaient Fontenelle, Montesquieu, Dortous de Mairan, Marivaux, Marmontel, le jeune Helvétius, Astruc et quelques autres fidèles, particulièrement, Pont de Veyle, neveu de la maîtresse de la maison. C'est en cette société surtout qu'on eût pu observer sur nature la manière du temps de ne pas se contenter de son esprit courant. « Chez Marivaux, l'impatience de faire preuve de finesse et de sagacité perçait visiblement. Montesquieu, avec plus de calme, attendait que la balle vînt à lui, mais il attendait l'occasion. Astruc ne daignait pas l'attendre. Fontenelle la laissait venir sans la chercher, Helvétius, attentif et discret, recueillait pour semer un jour (1). »

Marivaux qui, dans la cinquième partie de sa Marianne, représente Madame de Tencin sous le nom de Madame Dorsin, dit que : « Causeuse admirable, elle s'appliquait moins à montrer son esprit qu'à faire valoir celui des autres. Ceux

(1) *Mémoires de Marmontel*, t. I.

qui avaient de l'esprit, ajoute-t-il, tâchaient d'en montrer le plus qu'ils pouvaient avec elle, non qu'ils crussent qu'il fallait en avoir, ni qu'elle examinerait s'ils en avaient, mais afin qu'elle leur fît l'honneur de leur en trouver... Quant aux femmes, elles ne venaient pas pour voir combien elle avait d'esprit, elles venaient seulement pour lui montrer combien elles en avaient. »

On fréquentait surtout aussi les assemblées de Madame Geoffrin (Marie-Thérèse Rodet), mère de la rude marquise de La Ferté-Imbault, et rendez-vous des artistes, des gens de lettres, des seigneurs, des ministres, voire même des princes voyageurs. Les étrangers n'auraient pas cru avoir bien vu Paris, s'ils n'avaient pas été reçus chez elle. Née à Paris, le 2 juin 1699, fille du valet de chambre de madame la Dauphine et d'une femme qui joignait aux agréments de l'esprit des talents très distingués ; mariée à quinze ans à un M. Geoffrin, lieutenant-colonel de la milice bourgeoise et l'un des fondateurs de la manufacture des glaces, ce qui constituait sa fortune. C'était, disait-on, un homme bon et simple, qui passait sa vie à jouer du cornet à piston et à lire toujours le même livre et ne s'apercevait que de temps à autre que son auteur se répétait. Il avait laissé à sa femme une fortune médiocre, qu'elle sut agrandir par sa bonne administration et son économie. Avec un esprit naturel d'une rare droiture et sagacité, elle tenait de sa grand'mère un caractère ferme et réglé. Le savoir-vivre était pour elle la science suprême, et sa maxime favorite : « Donner et pardonner. » La bienfaisance était un des traits essentiels de sa nature et l'on en cite les plus curieux exemples, mais elle voulait tenir cachés ses bienfaits. Elle citait souvent cette maxime orientale, si charmante dans sa forme figurée : « Si tu fais du bien, jette-le à la mer, et si les poissons l'avalent, Dieu s'en souviendra. » Morellet rapporte qu'elle allait quelquefois chez ses amis pauvres pour découvrir ce qu'elle pouvait faire pour leur rendre service : « Elle observait leur ameublement, tâchait de découvrir s'il manquait à l'un une pendule, à l'autre un bureau, reconnaissait la place d'un meuble utile, et lorsqu'elle avait arrêté ses idées, elle était tourmentée de faire son présent comme on l'est pour payer une dette (1). Madame de Tencin qui appelait le cercle de savants et de beaux esprits qu'elle réunissait, « ses bêtes »,

---

(1) Morellet.

avait accoutumé de donner plaisamment, tous les ans, à chacun d'eux, aux étrennes, deux aunes de velours pour se faire une culotte. Madame Geoffrin, de son côté, s'occupait sans cesse de la fortune des gens de lettres, ses habitués. C'est ainsi qu'elle légua à D'Alembert, à Thomas, à Morellet et à Mademoiselle de Lespinasse des revenus suffisants pour leur assurer une existence indépendante.

Elle avait accueilli d'une manière distinguée le comte Stanislas Poniatowski, après avoir tendrement aimé le père et soigné les quatre frères de ce seigneur. Elle lui rendit même, dans un moment difficile, un service pécuniaire important. Devenu roi de Pologne, aucuns disent qu'il lui écrivit : « Maman, votre fils est roi. » Le mot est contesté, mais ce qui est certain, c'est qu'il l'appelait sa mère, et bien qu'âgée de soixante-sept ans, elle conçut d'elle-même l'idée de lui rendre visite à Varsovie. Ce voyage fut l'époque la plus mémorable de son existence. Le roi lui envoya un officier à Vienne pour l'escorter jusqu'à Varsovie. Elle fut reçue à la cour avec tendresse et magnificence. La czarine, la grande Catherine, avait manifesté le désir de la voir. Mais la distance et les difficultés de la route déterminèrent madame Geoffrin à s'en tenir à Varsovie (1). A Vienne, elle, simple bourgeoise, fut admise au Burg par l'Impératrice-Reine Marie-Thérèse et par Joseph II, avec les grâces les plus honorables. On dit même, que soupçonnant un projet de mariage de la plus jeune archiduchesse, qui fut depuis notre Marie-Antoinette, avec le Dauphin, elle dit tout bas : « Voilà une charmante petite archiduchesse, je voudrais bien l'emporter avec moi. — Emportez, emportez, » aurait répondu en souriant Marie-Thérèse.

De retour à Paris, au bout de cinq mois, madame Geoffrin ne fut pas plus fière et reprit le cours de ses réunions avec sa simplicité accoutumée.

Elle avait adopté un costume simple qui lui allait à merveille quand elle eut pris de l'âge. Il était curieux de la voir dans son fauteuil, les mains presque recouvertes de longues manches plates, dirigeant la conversation sans en avoir l'air, mettant chacun dans son jour, et, jetant ça et là un petit mot pour donner à tous l'occasion

---

(1) Le comte Charles de Mouy a publié, chez Plon, la correspondance inédite du roi Stanislas Poniatowski et de madame Geoffrin (1744-1777) et a fait précéder cet intéressant volume d'une charmante étude sur ces deux personnages. Les lettres sont accompagnées en outre de notes substantielles.

de faire valoir leur esprit. Tous les arts comme tous les talents étaient admis dans sa société. Outre les français, on voyait chez elle les ambassadeurs, toujours empressés aux réunions de l'intelligence et jaloux de se rencontrer avec des personnages éminents. On voyait donc l'ambassadeur d'Angleterre, lord Albemarle, le marquis de Caraccioli, depuis ambassadeur de Naples, bavard de merveilleux esprit, sous l'aspect le plus commun; le comte de Creutz, ministre de Suède, rare intelligence, « la sensibilité, la chaleur, la délicatesse du sens moral avec celui du goût, l'amour du beau et la passion du génie comme celle de la vertu (1). » Entre les étrangers, se distinguait l'abbé Galiani, le conteur, un petit Machiavel sous la forme d'un arlequin. Pendant longtemps on vit aussi Horace Walpole, qui la vantait d'abord comme une merveille de droiture d'esprit, et ne reparut plus quand son attachement pour la marquise Du Deffand l'entraîna à épouser la haine de cette dame envers madame Geoffrin qui recevait les philosophes que n'aimait pas la marquise. Par compensation, les étrangers qui avaient été reçus chez elle ou en avaient

---

(1) *Mémoires de Marmontel*, t. Iᵉʳ.

entendu dire du bien la recommandaient à leurs amis. C'est ce qui porta le lord Chesterfield à écrire à lord Stanhope qui se trouvait à Paris : « Connaissez-vous madame Geoffrin ? Elle est fort spirituelle en compagnie. » Suivant D'Alembert, elle avait tous les goûts d'une âme douce et sensible. Le prince de Ligne la regardait comme le génie du bon sens. Le baron de Gleichen, dans ses *Souvenirs*, fait d'elle aussi un très aimable portrait.

Parmi les gens de lettres français qui composaient sa société, on comptait Dortous de Mairan, Montesquieu, D'Alembert qui, après avoir consumé sa matinée à déchiffrer de l'algèbre, se montrait le plus gai de toute la société, le plus animé, le plus amusant dans sa gaieté ; Chastellux, l'ami des encyclopédistes, qui le portèrent à l'Académie Française ; le comte de Caylus, prêt à toute chose de bon ou de mauvais goût ; l'abbé Delille, Saint-Lambert, poli, délicat, avec un tour d'esprit élégant et fin, rappelant le goût de la petite cour de Lunéville dont il conservait le ton (1) ; le lourd Bernard, si mal nommé le *Gentil*, l'abbé Morellet, Marmontel, Thomas, Fontenelle, Laharpe.

(1) *Mémoires de Marmontel*, p. 1.

Madame Geoffrin justifiait bien l'estime de sa société. Elle avait, en effet, l'attrait d'une grande amabilité. Ainsi, elle avait, un jour, longuement conversé avec l'abbé de Saint-Pierre : « Vous avez été charmant aujourd'hui, » lui dit-elle, « Je ne suis qu'un instrument, » répondit-il, « dont vous avez bien joué. »

Parmi les français n'oublions pas Marivaux, homme timide, mais toujours occupé de briller. Ce n'en était pas moins un esprit charmant, plus profond qu'il n'en a l'air, qui a rencontré dans une trentaine de comédies des situations heureuses, et où la finesse des sentiments est unie à la justesse de l'expression. Il a donné à ses pensées vivantes un langage qui a pris son nom, langage précieux, mais délicat et finement sentencieux. Parmi ses œuvres, on estime encore particulièrement la *Surprise de l'amour et du hazard*, les *Fausses confidences*, l'*Epreuve nouvelle* et quelques autres. Sa *Vie de Marianne*, quoiqu'il ne l'ait pas terminée, l'a placé au rang des bons romanciers.

Avec le personnel qui composait la société de madame Geoffrin, on comprend que les causeries fussent intéressantes et variées, affectant toute sorte d'intérêt et tout genre d'éloquence.

Mais comme il n'en était dressé aucun procès-verbal, on en est réduit, de nos jours, à conjecturer quels en avaient été les sujets. On lisait de la prose et des vers, et incidemment on traitait des questions politiques ou sociales. « Sans esprit, sans élégance, fait observer madame d'Oberkirch, sans la science du monde, des anecdotes, des mille riens qui composent les nouvelles, il ne faut pas songer à être admis dans ces réunions pleines de charmes. Là seulement on cause. On cause sur les sujets les plus légers ; c'est une véritable mousse qui s'évapore et qui ne laisse rien après elle, mais dont la saveur est pleine d'agrément. Une fois qu'on en a goûté, le reste paraît fade. »

Le salon de madame Geoffrin fut, comme l'a dit si heureusement Sainte-Beuve, une institution du temps. C'était le salon modèle, et cette femme de goût et de sens avec beaucoup de fermeté et autant d'indulgence pour les autres, avait l'art de donner de la durée à une assemblée de beaux esprits, *genus irritabile*. Il y a là des difficultés dont elle savait triompher à force de tact et d'esprit de conciliation. Elle avait fondé deux dîners, l'un, le lundi, pour les artistes, l'autre, le mercredi, pour les gens de lettres. Au milieu de tout ce monde, elle qui s'avouait sans culture jusqu'à ignorer l'orthographe, avait l'esprit de se taire à propos et de ne parler que de ce qu'elle connaissait bien : son tact la servait. Elle n'avait jamais étudié le dessin, et cependant elle jugeait à merveille des œuvres d'art et rendait de grands services aux artistes. Elle n'avait pas moins de tact pour les ouvrages de l'esprit. Quand parut l'*Esprit des Lois*, elle en fut enthousiasmée, et écrivit à Montesquieu pour lui en faire un grand éloge, sans avoir l'air de savoir qu'il en fut l'auteur. Du reste, elle possédait l'art de conter à merveille.

A ses dîners de gens de lettres étaient quelquefois appelés à y prendre part des étrangers de distinction ; et toujours on y voyait mademoiselle de Lespinasse, la seule femme que madame Geoffrin admît à ses dîners.

Quant à celui des artistes, on y voyait briller Carle Van Loo, le peintre à la touche spirituelle et légère, mais molle ; Joseph Vernet, Soufflot, Boucher, ce vrai peintre, mais qui aurait pris indifféremment ses modèles de Vierges et de Vénus dans les coulisses ; le sculpteur Lemoyne, le plus simple et le plus modeste des hommes ; le grand artiste, le pastelliste La Tour, Vien, Mariette auxquels se mêlaient quelques dilettanti, tels que le comte de Caylus, Morellet, Marmontel, Watelet, Billy, l'abbé de Saint Non, et des étrangers aimant les arts et faisant travailler les artistes. Tous les artistes, à l'exception de Lemoyne, affectaient l'enthousiasme, tout en ne montrant qu'un esprit naturel dénué de toute instruction.

Madame Geoffrin avait aussi le soir, de petites réunions intimes, où les plus jolies femmes aimaient à être conviées. La bonne chère y était succincte et la compagnie peu nombreuse. Le personnel se composait d'ordinaire de trois divinités : la belle marquise de Duras, la belle comtesse de Brionne et la jolie comtesse d'Egmont, desquelles le Pâris était le prince de Rohan. A lui se joignait le soi-disant Gentil-Bernard avec Marmontel; et c'est là que ce dernier fit la première lecture de ses *Contes moraux* qui, dans ce temps-là, avaient un prodigieux succès.

Dans les réunions de madame Geoffrin, se mêlaient parfois des bavards. Elle s'était fait une manière de les souffrir ! « Je m'en accommode assez, disait-elle, pourvu que ce soient des bavards *tout court*, qui ne veulent que parler et qui ne demandent pas qu'on leur réponde. Mon ami Fontenelle, qui leur pardonne quelquefois, disait qu'ils reposaient sa poitrine. Ils me font encore un autre bien. Leur bourdonnement insignifiant est pour moi comme le bruit des cloches qui n'empêche point de penser, et souvent y invite... Je voudrais, ajoutait-elle, à propos de l'un d'eux, que, lorsqu'il me parle, Dieu me fît la grâce d'être sourde sans qu'il le sût; nous serions contents tous deux. »

Sterne avait fait l'épitaphe d'une femme babillarde : « Ci gît madame *** qui, le 10 août 1704, *se tut.* »

Madame Geoffrin avait fort goûté l'abbé Delille, qui depuis l'a beaucoup célébrée dans son poème de la Conversation. Elle l'avait voulu aider à ses débuts. Il avait refusé, mais avait gardé sa reconnaissance.

Elle avait surtout attiré chez elle les philosophes et les encyclopédistes. Une maladie qu'elle essuya en 1776, donna lieu à beaucoup de querelles qui firent grand bruit dans Paris. Sa fille, la marquise de La Ferté, qui ne partageait pas toutes les idées de sa mère, n'aimait pas les philosophes et reprochait à l'Encyclopédie d'avoir coûté cent mille écus à madame Geoffrin, avait pendant la maladie, fermé la porte de la bonne dame à ceux qu'elle avait le plus en affection, D'Alembert et Thomas. A son rétablissement, elle fit à sa fille la concession de ne pas les rechercher. Ces hommes furent cependant ceux qu'elle n'oublia pas dans son testament et qui ont gardé le plus reconnaissant souvenir de ses bontés. Dans les œuvres de D'Alembert, en 18 volumes in-8°, on trouve deux lettres à Condorcet qui contiennent l'éloge très bien fait de madame Geoffrin ; Morellet et Thomas ont également payé leur tribut d'hommage à cette excellente femme ; et en 1812, Morellet a réuni ces trois éloges en un volume avec un écrit de lui sur la Conversation.

Madame Geoffrin, au milieu des philosophes, avait conservé des sentiments religieux ; mais pour ne pas se brouiller avec eux, elle ne s'y était livrée qu'avec modération et avait gardé une dévotion que Marmontel appelait *clandestine*. A la fin de sa vie, elle ne prit plus de précautions. Frappée de paralysie, elle supporta ses souffrances physiques et morales, avec une patience exemplaire, pendant un an, et mourut le 6 octobre 1779. Elle avait demeuré rue Saint-Honoré, près des Capucins.

CHAPITRE III

SALON DE MADAME DU DEFFAND. — MADEMOISELLE DE LESPINASSE. — L'HOTEL DE BEAUVAU. — MADAME DE SIMIANE. — MADAME FILLEUL. — L'HOTEL DE BRANCAS. — LE BARON D'HOLBACH. — MADAME DE BROGLIE. — MADAME DE BUSSY. — LA COMTESSE DE LAMASSAIS. — LA MARQUISE DE DURAS. — LES SOUPERS DE LA DUCHESSE DE LA VALLIÈRE. — LE BARON DE BRETEUIL. — LA COMTESSE DE TESSÉ. — LA DUCHESSE DE KINGSTON.

On prisait fort les grands jours de madame Marie de Vichy-Chamrond, marquise du Deffand, née en 1697, nièce de la dame d'honneur de la reine, la duchesse de Luynes, et parente éloignée du duc de Choiseul, alliée aux Chavigny, à la duchesse de Châteauroux, arrière-tante de l'archevêque de Toulouse, Loménie de Brienne. C'était une femme de qualités éminentes, mais de caractère bizarre qui, pour s'être attardée jadis aux intimes causeries du régent de France et du président Hénault, ne trouvait plus, à cinquante ans, qu'un vide affreux dans les commerces sans pointe de galanterie ou d'intrigue. Elle a été la Sévigné du xviiie siècle, comme épistolaire, malgré ses mortels ennuis et sa moquerie jusqu'au sang pour la tirer de ses vapeurs. Elle a été, en résumé, la personnification des audaces, des corruptions et de l'esprit de son siècle. D'un revers d'éventail, elle déchirait les plus belles œuvres de l'esprit, quand c'était son humeur. Elle disait de l'*Esprit des Lois*: « C'est de l'esprit sur les lois, » dont la lecture abrégerait sa vie et la ferait mourir d'ennui. Elle traitait par-dessus sa cornette souveraine, les choses de politique, de religion, de beaux-arts et de cœur, et jugeait avec une juste sévérité Marmontel, à propos de ses *Contes Moraux* en disant de lui qu'il n'était qu'un gueux revêtu de guenilles, Elle n'épargnait pas davantage les personnes. C'était l'esprit, mais l'esprit à outrance, le mépris profond des hommes, encore plus des femmes, une causticité qui ne s'épargnait pas elle-même. Elle n'a que des paroles dures pour J.-J. Rousseau, Buffon, Saint-Lambert, Saurin, Helvétius, Thomas, Marmontel, D'Alembert après sa rupture avec lui, quand elle parle de leurs ouvrages. « Monsieur, écrit-elle à Walpole, soyez sûr qu'il n'y a rien de plus ennuyeux, de plus fastidieux, que tous leurs écrits et tous leurs auteurs ; des cyniques, des pédants, voilà les beaux esprits d'aujourd'hui. » Elle dit que Malesherbes était un sot qui avait perdu l'estime publique par une bassesse ; que Turgot était un fou n'ayant pas le sens commun ; cependant quand il parvint au ministère, elle en a bien parlé. « C'est un sage, a-t-elle dit, qui voudra le bien, c'est un Sully, mais un Sully bien autrement éclairé. » Elle avait ses humeurs, mais c'était généralement un atticisme incomparable de diction qui savait se faire écouter et se faire lire, une raison calme à ses heures, un grand goût sûr et délicat, qui devança presque toujours les jugements de la postérité sur les personnes comme sur les écrits, et se montrait sensible avant tout au vrai, au naturel et au simple. Devenue aveugle à cinquante ans, elle remplaça la beauté par l'esprit, la galanterie par l'amitié, et vers la fin de sa vie, elle essaya de la religion, sans réussir à être touchée. Avec un esprit subtil tel que le sien, elle n'aurait jamais pu devenir dévote. Elle avait été élevée au couvent de la Madeleine du Traisnel, rue de Charonne, sous l'œil trop indulgent d'une abbesse mal notée, et l'avait été elle-même aussi ; dans sa vieillesse, dénuée des principes qu'elle eût dû trouver dans l'éducation de sa jeunesse, madame Du Deffand disait elle même avec amertume : « On se fait même quelquefois la question si l'on voudrait revenir à tel âge? Ah ! je ne voudrais pas redevenir jeune, à la condition d'être élevée comme je l'ai été, de ne vivre qu'avec les gens avec qui j'ai vécu, et d'avoir le genre d'esprit et de caractère que j'ai.... » Étant petite fille et au couvent, rapporte Chamfort, elle prêchait l'irréligion à ses petites camarades. L'abbesse fit venir le père de l'oratoire Massillon, depuis évêque, la petite lui exposa ses raisons. Massillon se retira en disant : « Elle est charmante. » L'abbesse qui attachait de l'importance à tout cela, demanda au père quel livre il fallait faire lire à cet enfant; il réfléchit une minute et répondit : « Un catéchisme de cinq sous. » On ne put en tirer autre chose. Sans doute pensait-il qu'il n'est pas d'autre conseil pour les incrédules que le livre des simples.

La marquise Du Deffand alla demeurer d'abord rue de Beaune où elle ouvrit un salon qui fut un des plus fréquentés de l'époque et qui devança celui de madame Geoffrin, dont elle était l'ennemie; puis elle le transporta dans les logements extérieurs du couvent de Saint-Joseph, rue Saint-Dominique, devenu l'hôtel du Ministère de la Guerre. Une grande ressource, en ce temps-là, pour les femmes veuves ou séparées, étaient ces parties sémi-mondaines des couvents où elles jouissaient de liberté, tout en trouvant un asile paisible.

Là, elle avait pour société la duchesse de Luynes, madame de Boufflers, depuis maréchale de Montmorency-Luxembourg, sa plus intime amie; la maréchale de Mirepoix, la marquise Du Chatelet, madame de Rochefort, madame de Ventimille, M. et Madame de Forcalquier, la maréchale de Brancas, la duchesse de Vaujours-Lavallière qui avait écouté en secret le duc de Richelieu, madame de Pecquigny, plus tard duchesse de Chaulnes, qui finit par un mariage ridicule avec un M. de Giac, et qui s'appelait elle-même « la femme à Giac. » Dans sa jeunesse, elle avait beaucoup fréquenté la marquise de Prie, maîtresse de Monsieur le Duc, ministre du roi mineur Louis XV. Cette madame de Prie disgrâciée, en 1726, avec son mari, alla mourir en Normandie, dans une de ses terres. « Une lettre de cachet, dit Lémontey, ensevelit la marquise de Prie.

Elle y fut accompagnée par madame Du Deffand, son émule en beauté, en galanterie et en méchanceté. Ces deux amies s'envoyaient mutuellement, chaque matin, les couplets satyriques qu'elles complotaient l'une contre l'autre. Elles n'avaient rien imaginé de mieux pour conjurer l'ennui, que cet amusement de vipères. » Cinquante ans après, elle rappelait à Horace Walpole ce huitain qu'elle avait adressé à la de Prie :

>Quand mon goût au tien contraire,
>De Prie, te semble mauvais,
>De l'écrevisse et sa mère
>Tu rappelles le procès.
>Pour citer gens plus habiles,
>Nous lisons aux Evangiles :
>Que paille en l'œil du voisin
>Choque plus que poutre au sien.

Dans son salon, ses habitués furent plus tard, quand elle se fut rangée et n'avait plus qu'un commerce discret et presque conjugal avec son ami le président Hénault, la princesse de Talmond, la marquise de Meuse, madame de Valbelle, dont le mari s'oubliait avec la tragédienne Clairon, retirée du théâtre ; le comte d'Argenson, le président de Montesquieu, les

Brienne, les Choiseul, les Broglie, M. Des Alleurs, Mademoiselle Aïssé, le chevalier d'Aydie, propre neveu par sa mère du marquis de Sainte-Aulaire, de l'Académie Française, et cousin du mari secret de la duchesse de Berry, fille du Régent, le comte de Rions ; le duc de Richelieu, l'abbé, depuis cardinal de Tencin, madame Saurin, Marmontel, les Caraman, et leur sœur la délicieuse madame de Cambis, Gabrielle-Charlotte-Françoise de Chimay, mariée au vicomte de Cambis, colonel d'un régiment d'infanterie de son nom, trois fois plus spirituelle que sa sœur ; Monsieur et madame de Maurepas, ce ménage si merveilleux par son accord ; les Paulmy, le duc d'Ussé, gendre du maréchal de Vauban ; le bailli de Froullay, madame Céline, vicomtesse de Nanthiac, fille du chevalier d'Aydie et de mademoiselle Aïssé ; Maupertuis, de Formont, conseiller au parlement de Normandie, madame Necker et surtout le frère de M. de Ferriol, le comte de Pont de Veyle. Les étrangers et la diplomatie se faisaient aussi présenter : lord Holderness, lord Shelburne, Hume, Gibbon, Fox, Schouwaloff, Bolingbroke, lord Bath, plus connu sous le nom de Pulteney, beau-frère du maréchal de Berwick ; lord Rochefort, le comte de Bulkeley, Charles

Fitz Roy, premier lord de Southampton ; James Crawford d'Auchiname, mademoiselle Loyd, la belle lady Sarah Bunbury, née Lennox, et le duc de Lausun-Biron ; enfin Horace Walpole avec lequel madame Du Deffand entama sa célèbre et principale correspondance. Il lui manqua Jean-Jacques, Diderot et Buffon.

Disons un mot sur ce Walpole qui a occupé une si grande place auprès de la marquise. Né en 1718, à Houghton, dans le Norfolk, mort en 1797; troisième fils du célèbre homme d'Etat anglais Robert Walpole, il était entré à la Chambre des Communes en 1741 et s'y était fort peu fait remarquer. Adonné tout entier à la culture des lettres, il a écrit sur beaucoup de sujets. Curieux distingué, il a imprimé notamment cinq volumes sur les tardives origines et la floraison de l'école de peinture en son pays. Dans un voyage qu'il fit à Paris, en septembre 1765, il s'etait lié intimement avec madame Du Deffand. De là, sa correspondance. Il passe pour le meilleur écrivain épistolaire de la Grande-Bretagne. Il a aussi écrit en français des lettres avec beaucoup de naturel et d'esprit. Sa lettre supposée du roi de Prusse à Jean-Jacques Rousseau, un des chefs-d'œuvre de la littérature badine, a donné la preuve qu'il maniait en français la plume comme les meilleurs écrivains du temps. « Ma vie n'est qu'une longue lettre, disait-il lui-même, *mine is a life of letter writing.* » Lord Byron appelait ses lettres *incomparables*. Sa liaison avec madame Du Deffand était devenue, du côté de cette dame, pendant sa cécité, une véritable passion qui agaçait souvent le gentilhomme anglais par peur du ridicule. Le ton de nos conversations le blessait aussi généralement, et l'on trouve dans ses lettres écrites à ses amis, pendant ses six voyages en France, de 1739 à 1775, publiées par le comte de Baillon, en 1872, l'expression de son dégoût pour les excès des libres-penseurs : « J'ai dîné aujourd'hui, dit-il, avec une douzaine de savants, et quoique tous les domestiques fussent là pour le service, la conversation a été beaucoup moins réservée, même sur l'Ancien Testament, que je ne l'aurais souffert à ma table en Angleterre, ne fût-ce qu'en présence d'un seul laquais. Quant à la littérature, c'est un excellent amusement lorsqu'on n'a rien de mieux à faire, mais elle devient du pédantisme en société, et de l'ennui quand on en professe en public ; on est d'ailleurs sûr qu'en France on ne suit jamais que la mode du jour; leur goût à cet égard est le pire de tous; aurait-on jamais pu croire qu'en lisant nos auteurs, Richardson (1) et M. Hume deviendraient leurs favoris ? » (2) Et ailleurs : « Je vous déclare que vous pouvez venir ici en toute sécurité, et que vous ne serez nullement en danger de réjouissance. Le rire est aussi passé de mode que les pantins et les bilboquets. Les pauvres gens ! Ils n'ont pas le temps de rire: d'abord il faut penser à jeter par terre Dieu et le Roi; hommes et femmes, tous jusqu'au dernier, travaillent dévotement à cette démolition. On me considère comme un profane, parce qu'il me reste encore quelques croyances; mais ce n'est pas là mon seul crime; je leur ai dit, et cela m'a tué, qu'ils nous avaient pris pour les admirer, les deux choses les plus ennuyeuses, que nous ayons : le whist et Richardson. » (3) Et plus loin : « Les *savants*, je leur demande pardon, les *philosophes* sont insupportables, superficiels, arrogants et fanatiques; ils ne font que prêcher, et leur doctrine avouée est

---

(1) Auteur de Clarisse Harlow.
(2) *Lettre du 22 septembre 1765 à George Montagu.*
(3) *Lettre du 19 octobre 1765 à Thomas Brand, le grand amateur des arts et surtout de la musique ; un des fondateurs de la Société des Dilettanti.*

l'athéisme, vous ne pouvez croire à quel point ils se gênent peu. Ne vous étonnez donc pas si je reviens tout à fait jésuite. Voltaire lui-même ne les satisfait point : une de leurs dévotes disait de lui : « *Il est bigot, il est déiste* » (1). Plus loin : « Je vais quelquefois chez le baron d'Holbach ; mais j'ai planté là ses dîners ; c'était à n'y pas tenir avec ses auteurs, ses philosophes et ses savants dont il a toujours un plein pigeonnier. Ils m'avaient fait tourner la tête avec un nouveau système de déluges antédiluviens qu'ils ont inventé pour prouver l'éternité de la matière. » (2) Dans une autre lettre, il dit encore : « Ne comprenez-vous pas ce que c'est que les philosophes, ou ce qu'on appelle ainsi en France ? D'abord cette désignation comprend à peu près tout le monde, ensuite elle s'attache particulièrement à des hommes qui, en déclarant la guerre au papisme, tendent, au moins beaucoup d'entre eux, au renversement de toute religion, et un plus grand nombre encore à la destruction du pouvoir royal. (3) »

(1) *Lettres du 19 novembre 1765, au poète Thomas Gray.*
(2) *Lettre du 2 décembre 1765 à Georges Selwin, un des witts de l'Angleterre et l'ancien condisciple de Walpole.*
(3) *Lettre du 28 octobre 1765, à l'honorable N. S. Conway.*
La plupart de ces citations du livre de M. le comte de Baillon ont déjà été produites par M. de Lescure, dans son livre des *Femmes philosophes.*

On voit qu'avec la réserve qu'il avait conservée, tout sceptique, qu'il fût, Walpole devait exercer une influence sur madame Du Deffand et la détacher des excès du philosophisme. Il admirait son jugement et sa franchise ; mais il s'exaspérait contre ce qu'il appelait ses indiscrétions et emportements romanesques, ses interminables lamentations, ses soupçons et inquiétudes perpétuelles. « Vraiment, ajoutait-il, si l'amitié a tous les ennuis de l'amour, je ne vois rien qui invite à en tâter.... Si vous voulez que notre commerce dure, montez-le sur un ton moins tragique.... Comment est-il possible, madame, qu'avec autant d'esprit que vous en avez, vous donniez dans un style qui révolte votre Pylade, car vous ne voulez pas que je me prenne pour un Orondate ? Parlez-moi en femme raisonnable, ou je copierai les réponses aux *Lettres portugaises.* » Et la pauvre aveugle, qui trouvait qu'il valait mieux être morte que de ne pas aimer, faisait un retour sur elle-même, sentait la disproportion de son âge, se désespérait et se rejetait à corps perdu dans la société de ses salons ; elle continuait à lui parler avec amour comme s'il eût été son fils. Elle regrettait qu'il ne le fût pas. Ces trésors de tendresse avaient sommeillé dans son cœur jusqu'à sa vieillesse et sa cécité, ce qui tiendrait à prouver qu'elle n'avait pas en définitive cette sécheresse que presque tous les critiques lui ont reproché. Au reste, Walpole l'aimait de son côte et, à ses amis il parlait d'elle avec estime. A sa mort, la marquise lui légua son chien que le gentilhomme se fit apporter en Angleterre, et qu'il traita comme un touchant souvenir. Nous ne pourrions, comme dit Sainte-Beuve, omettre ce chien de l'aveugle.

On cromprend qu'une société composée comme elle l'était d'une façon brillante et dont les causeries devaient avoir de l'éclat, pût fournir des distractions à la marquise. Tous les sujets y étaient traités, et le mouvement social, les belles actions comme les scandales. Un grand procès venait-il à éclater, chacun avait son mot à dire. Incidemment, le procès de Mandrin, écartelé en place de Grève en 1745, fournit matière à de longues conversations sur les institutions pénales, comme en avait fourni en 1721, la mort de Cartouche. La législation ainsi que les mœurs et l'éducation devait avoir ses jours. On s'occupait parfois de littérature, et Clairon qui vint réciter des scènes de ses rôles d'Agrippine et de Phèdre, n'était pas la seule actrice qui parût. Les livres du jour, les pièces nouvelles, les traités philosophiques et politiques étaient examinés au courant de la conversation. On faisait des lectures, on chantait des noëls. Point d'artistes, mais beaucoup de gens de lettres. On s'épanchait en vives saillies. C'était d'abord le dimanche qu'on s'assemblait, puis, le samedi à un grand souper où apparaissaient les plus grands noms. D'ordinaire, elle avait deux soupers par semaine, le mercredi et le jeudi. Le mercredi elle avait les maréchaux de Mirepoix et de Luxembourg, les princes, les duchesses, les marquises, les comtesses, les diplomates, les évêques, etc. Le jeudi, elle recueillait l'abbé Barthélemy, un certain président de la Cour des Monnaies nommé de Cotte, fort riche, très recherché et très estimé ; quelquefois l'évêque d'Arras (M. de Conzié), M. Necker et de temps en temps quelques autres. Le plus curieux jour de réception de la marquise était le réveillon où elle donnait à souper à ses amis. Elle les conduisait ensuite dans une tribune ouvrant de son appartement sur l'église de Saint-Joseph pour leur faire entendre la messe de minuit et la musique de Balbâtre (1).

(1) Claude-Louis Balbâtre, célèbre organiste, né à Dijon, en 1727,

Madame Du Deffand eut de longues relations épistolaires avec Voltaire, lesquelles durèrent jusqu'à la fin de la vie du vieillard de Ferney.

Après sa brouille, par jalousie réciproque d'esprit et de domination, avec son aide-de-camp d'esprit, sa demoiselle de compagnie, mademoiselle de Lespinasse, fille adultérine de la comtesse d'Albon, et leur séparation qui fit autant de bruit que le partage de la Pologne et l'expulsion du Prétendant, on vit s'ouvrir, rue de Belle-Chasse, dans le plus modeste des réduits, la brûlante fournaise de la philosophie du temps, le cercle de cette fille ravissante entre toutes, par l'étendue de son intelligence : « étonnant assemblage de bienveillance, de raison, de sagesse, avec la tête la plus vive, l'âme la plus enflammable qui ait existé depuis Sapho, dit Marmontel (1). » Qu'on ne prenne pas au sérieux, dans son sens absolu cette expression de sagesse qui n'est prise ici qu'au point de vue de l'esprit par Marmontel pour caractériser mademoiselle Julie-Eléonore de

élève et ami de Rameau, tint tour à tour l'orgue à Saint-Roch et à Notre-Dame. Son jeu attirait un tel concours d'auditeurs qu'il lui était interdit de jouer les jours de grandes fêtes. Ce fut lui qui substitua le forte piano au clavecin.

(1) *Mémoires*, t. I, p. 344.

Lespinasse, laquelle céda à plusieurs entraî[nements] du cœur, et qui, après avoir habité [avec] D'Alembert, eut une passion violente pou[r le] comte de Guibert. On a les lettres qu'ell[e a] écrites à ce dernier.

Chez elle se rassemblaient D'Alembert qui a[vait] renoncé pour elle à la marquise, et que la m[ar-]quise regrettait; Marmontel, Condillac, Tur[got,] Chastellux, Saint Lambert, l'archevêque, de[puis] cardinal de Brienne; de Boismont et l'arche[vê-]que d'Aix, Boisgelin. Sans avoir l'air d'y t[ou-]cher, elle donnait spirituellement la répliqu[e à] tous avec son tact et son inépuisable verve, d[ans] les discussions.

La sévère marquise de Créquy, bien que viv[ant] fort retirée, avait aussi ses réunions que fréqu[en-]taient son oncle, le bailli de Froullay, Sénac de M[eil-]han, d'Alembert, Chamfort, Roubaud, l'hom[me] aux synonymes, qu'aimait beaucoup la marqu[ise] et qui en faisait elle-même; le maréchal de Mouc[hy,] l'archevêque de Vienne, Lefranc de Pompign[an,] la duchesse de Noailles, qui fut mère de la duche[sse] de Duras, la marquise d'Aligre, madame de Tes[sé,] la maréchale de Beauvau, la duchesse de Laus[un,] Biron, l'abbé Lenfant, l'abbé Delille, monsi[eur] et madame Necker, Pougens et Jean-Jacques Rousseau qui, dans ses Confessions, parle toujours d'elle avec respect. Au milieu des philosophes, la marquise avouait hautement ses idées religieuses.

On avait aussi les charmantes soirées de l'hôtel de Beauvau, dont les hôtes, le prince et la princesse de Poix, étaient des modèles, et où le goût ancien était plus qu'ailleurs l'interprète élégant des idées nouvelles. La société se composait de madame de Sully, de la duchesse de Lausun-Biron, née de Boufflers; de la duchesse de Bouillon, née princesse de Hesse, de la princesse d'Hénin, de la duchesse de Choiseul, de la duchesse de Gramont, sa belle-sœur; du chevalier de Coigny, du duc de Guise, du duc de Liancourt, du prince Emmanuel de Salm, de madame de Staël, de madame de Simiane, de ses frères, les trois Damas; de M. de Lally, « le plus gras des hommes sensibles, » comme on l'appelait; de l'abbé de Montesquiou, de la duchesse du Chastellet, tante de madame de Simiane.

Heureux, je le répète, qui avait sa place au cercle exquis de la princesse de Poix, née de Beauvau, cette femme d'infatigable bienveillance qui excellait à imposer de la confiance et à donner de l'esprit à qui l'entourait, voyait tout du bon côté de tout le monde et approuvait si juste qu'elle flattait sans que sa franchise en souffrît. (1).

De là, il n'y avait qu'un pas à la société de son intime amie madame de Simiane, la plus jolie personne de son temps, et de qui l'on disait qu'il *était impossible de la recevoir sans lui donner une fête.* En même temps qu'elle était la plus jolie des femmes, elle en était aussi la meilleure. Cet assemblage divin la caractérisait plus qu'aucune autre personne. La fraîcheur de sa jeunesse en fut embellie, et son âge avancé conserva le privilège de plaire et d'attacher jusqu'à son tombeau. Elle était d'une gaieté charmante qui ne blessait jamais

---

(1) Voir la *Vie de la princesse de Poix par la vicomtesse de Noailles, sa petite-fille,* page 46.
Cet écrit d'une des femmes les plus gracieusement spirituelles qui aient existé est un petit chef-d'œuvre de goût, de sens et de naturel qui peint en traits nets et délicats la société française de 1750 à 1833. C'est le dernier parfum du siècle de la politesse. La cousine de la vicomtesse, madame Sabine Standish, née de Noailles, a écrit à son tour pour la société des Bibliophiles, la vie de la vicomtesse, avec la distinction d'esprit dont elle avait reçu une leçon si charmante et si accomplie. Personne mieux que la vicomtesse de Noailles ne connaissait le siècle de Louis XIV. On eût dit qu'elle avait été voisine et commensale des marquises de Sévigné et de Du Deffand. C'était pour moi un honneur et un bonheur, quand ces deux dames venaient passer quelques heures dans mon cabinet pour parcourir mes collections en société de M. le duc de Noailles et du marquis de Sainte-Aulaire, tous deux de l'Académie Française.

autrui parce qu'elle avait un cœur adorable, une
âme élevée, un grand bon sens et un tact parfait.

On avait encore les salons de madame Filleul
où brillaient un des intendants des menus plaisirs,
Cury, de toute la finesse de son mordant esprit,
et la ravissante comtesse de Séran, de tout l'éclat
de sa jeune beauté et de son enjouement naïf. Ces
belles qualités lui avaient valu la faveur du Roi
auprès de qui elle faillit recueillir la succession de
madame de Pompadour : mais Louis XV, étonné
devant sa vertu, sut se contenter d'une admiration
innocente, d'un entretien aimable et doux et d'une
correspondance contenue ; il la respectait trop pour
tenter jamais d'être plus que son pur ami. Là se
voyait aussi la spirituelle Julie, devenue plus tard
la femme du marquis de Marigny, frère de madame
de Pompadour. A ces soupers personne ne son-
geait à faire montre d'esprit. C'était le moindre
souci de l'hôtesse et des convives, et cependant
on y en dépensait beaucoup et du meilleur (1).

Après ces sociétés et celles de l'hôtel de Brancas,
dont la chronique scandaleuse répandit le bruit
que la vieille duchesse épousa l'ex-jésuite Cerutti ;
on eut les salons et les soupers de la duchesse de

(1) *Mémoires de Madame de Genlis.*

Gramont, du duc de Choiseul-Gouffier, de la marquise de Broglie, de la marquise de Cambis, de la marquise de Caraman, de la princesse de Bouillon, de la maréchale de Mirepoix, de la gaie et originale marquise de Livry, si vive et déterminée qu'un jour elle lança d'un bout à l'autre d'un salon à la tête d'un discuteur, sa mule, une vraie pantoufle de Cendrillon (1).

On peut citer encore la comtesse de Lamassais, femme d'esprit dont la maison était comptée parmi les plus agréables de Paris. On y voyait parfois la duchesse de Bourbon, madame de la Reynière, madame de Melfort, la baronne d'Oberkirch et la comtesse de Genlis, avec sa harpe, qui la suivait partout.

On avait aussi les sociétés de la marquise de Duras, qui, suivant Marmontel, donnait assez l'idée de Junon par sa noble sévérité, et par un caractère de beauté, qui n'avait rien de svelte. A côté d'elle, trônaient l'éblouissante madame de Villaumont, la belle duchesse de Brionne et la jolie comtesse d'Egmont, fille du maréchal de Richelieu et qui en avait toute la vivacité d'esprit avec

(1) *Mémoires de Mamontel*, t. Ier.

un merveilleux prestige et l'air de la volupté (1). Si la comtesse de Brionne, tout inférieure en attraits qu'elle fût à madame de Villaumont, n'était point Vénus même, c'est qu'elle n'avait pas la grâce, le piquant, le je ne sais quoi de madame d'Egmont, sans lesquels il n'y a pas de Vénus au monde (2).

On prisait aussi les soupers de la duchesse de Vaujours-la-Vallière, au château de Montrouge. En paraissant dans le monde, elle avait jeté par sa beauté un tel éclat qu'elle avait arraché ce cri au duc de Gesvres, bossu comme Esope : « Nous avons une reine ! » Elle réusssit pendant toute la durée du siècle, à remplir son salon par la plus belle compagnie. Son indolence, son amabilité naturelle avec de bonnes manières de maîtresse de maison suffirent à lui attirer la vogue. C'était en réalité une femme toute charmante. Elle était fille du duc d'Uzès. Elle fut mariée au fameux bibliophile, dont le catalogue de bibliothèque

---

(1) Son esprit n'était l'objet d'aucune discussion. Il paraît qu'il n'en était plus de même de sa beauté plus expressive que classique. Madame Necker dit quelque part : « il n'est pas surprenant que Jean-Jacques Rousseau soit amoureux de madame d'Egmont, car sa beauté est paradoxale. » On dit, en effet, que le paradoxal et trop sensible genevois avait conçu de vifs sentiments pour cette dame.

(2) *Mémoires de Marmontel*, t. Ier.

forme neuf volumes, voluptueux, emporté, qui donna à sa femme l'exemple du désordre de mœurs. Devenue veuve en 1780, elle mourut en 1793. Voltaire avait fait d'elle le portrait suivant :

>Etre femme sans jalousie
>Et belle sans coquetterie,
>Bien juger sans beaucoup savoir,
>Et bien parler, sans le vouloir,
>N'être haute ni familière,
>N'avoir point d'inégalité :
>C'est le portrait de Lavallière ;
>Il n'est ni fini ni flatté.

Autre portrait de cette duchesse, tracé par une femme, la marquise de Gontaut : « Une femme belle et aimable, galante sans coquetterie, vertueuse sans sagesse, simple avec dignité, douce par humeur et polie par bonté, sans défauts dans l'esprit ni dans le caractère, et enfin qui serait parfaite, si elle avait autant d'éloignement pour le vice, qu'elle paraît avoir de penchant pour la vertu. » A peine mariée, elle disait à son mari : « Vous avez de bien beaux livres, mais comme M. de Richelieu porte mieux que vous son épée, — On voit bien, madame la duchesse, répondait le duc, qu'il y a six mois que nous sommes mariés. » L'une des plus jolies femmes du xviiie siècle, comme aussi l'une des plus aimables et qui, dans sa vieillesse, fut l'objet d'un charmant impromptu que voici, de madame d'Houdetot :

>   La nature, prudente et sage,
>   Force le temps de respecter
>   Les charmes de ce beau visage,
>   Qu'elle n'aurait pu répéter.

Elle était en effet devenue la plus jolie femme de soixante ans qui ait jamais existé. Jusques là elle ne s'était refusée à personne. Aussi, « M. de Barbançon qui avait été très beau, dit Champfort, possédait un très joli jardin que madame la duchesse de la Vallière alla voir. Le propriétaire. alors très-vieux et très-goutteux, lui dit qu'il avait été amoureux d'elle à la folie, madame de la Vallière lui répondit : « Hélas, mon Dieu ! que ne parliez-vous ? Vous m'auriez eue comme les autres. »

L'époque de sa jeunesse n'était pas loin de celle où le duc d'Aumont et le duc de Mazarin vivaient et mouraient chez des danseuses, où d'Argenson se créait un sérail dans l'abbaye de Notre-Dame du Traisnel ; c'était celui où la femme du Polignac dit l'*Imbécile* disait à son mari : « Je suis grosse, vous savez que ce n'est pas de vous ; mais je ne vous conseille pas de faire du bruit, car s'il y a procès à cet égard, vous perdrez : vous savez bien qu'elle est la loi dans ce pays : tout enfant né dans le mariage appartient au mari. Ainsi, cet enfant est bien à vous ; d'ailleurs je vous le donne. » Et cette madame de Polignac avait une rivale digne d'elle dans la dévergondée madame de Nesle, avec laquelle elle devait se battre au pistolet, dans le bois de Boulogne, pour « ce grand veau de Soubise » comme l'appelle madame d'Orléans dans ses mémoires (1).

On soupait aussi chez madame de Broglie, chez madame de Crussol, chez madame de Bussy.

Les soupers du baron de Breteuil, ministre de la maison du Roi et de Paris, étaient fort recherchés. On y voyait très-bonne et très-amusante compagnie, au rapport de la baronne d'Oberkirch. (2) « C'était dit-elle, l'endroit où il se racontait le plus d'anecdotes et d'histoires de toute espèce.

---
(1) Mémoires, fragments historiques et correspondances de Madame la duchesse d'Orléans, princesse palatine. Edition Busoni, p. 255.

(2) Mémoires, t. 2, p. 111.

Breteuil recevait assez volontiers les poètes, les gens d'esprit, même les artistes. »

Le baron d'Holbach dont on suivait également beaucoup les sociétés, qui se réunissaient régulièrement les dimanches et les jeudis, s'entourait des plus marquants entre les gens de lettres surtout les libres-penseurs ; Diderot, l'abbé Raynal, Helvétius, le baron de Grimm, lequel avait aussi toutes les semaines son petit dîner de garçon, et Jean-Jacques-Rousseau, avant qu'il se fût fait sauvage ; Volney, qui s'appelait alors *Bougirais*, Barthe, Venelle, Rouelle et ses disciples, Roux, Darcet, Duclos, Saurin, Suard, Boullanger, Marmontel, Saint-Lambert, La Condamine, Chastellux, de Margency, gentilhomme ordinaire de la chambre du roi et ancien ami de madame d'Epinay. Tous les étrangers de mérite qui venaient visiter ou habiter Paris s'y faisaient recevoir : Hume, Wilkes, Sterne, Galiani, Caraccioli, le lord Shelburne, le comte de Creutz, le comte de Veri, ambassadeur de Sardaigne, Grisi, Garrick, Franklin, le prince héréditaire de Brunswick, Priestley, le colonel Barré, membre des Communes d'Angleterre, le baron de Dalberg, depuis électeur de Mayence.

Ce salon du baron d'Holbach était parfois amusant quand l'excellent conteur Galiani prenait la parole. Diderot proposa un jour de nommer un *avocat de Dieu*. On choisit, l'abbé Galiani fut nommé. Il s'assit et commença ainsi : « Un jour, à Naples, un homme de la Basilicate prit devant nous six dés dans un cornet et paria d'amener rafle de six. Il l'amena du premier coup. Cette chance était possible. Il l'amena sur le champ une seconde fois ; je dis la même chose. Il mit les dés dans le cornet trois, quatre, cinq fois, et toujours rafle de six. *Sangue di Bacco !* m'écriai-je, les dés sont pipés, et ils l'étaient. »

On eut aussi les journées de campagne de la charmante comtesse de Tessé, de la marquise de Mauconseil, l'amie du duc de Richelieu, et celles de la comtesse de Valbelle, le salon de la baronne de Staël, heureuse de retrouver son ruisseau de la rue du Bac, salon que son amie la vicomtesse de Noailles contribuait à illuminer.

La duchesse de Kingston, en son hôtel de la rue Coq-Héron, qui s'appelait autrefois l'hôtel du Parlement d'Angleterre, réunissait la société la plus brillante, la plus curieuse en grands seigneurs, en artistes, en gens d'esprit de toutes les nations (1). C'était, du reste, une femme étrange qui avait eu une vie des plus aventureuses. Mariée enfant au capitaine Hervey, fils du duc d'Hamilton, elle l'avait abandonné le lendemain de ses noces, parcourut l'Europe avec un major dont elle avait demandé la société par la voie des journaux et qu'elle avait quitté à Berlin. Elle avait fait casser son mariage pour épouser le duc de Kingston, fut attaquée et condamnée comme bigame, courut de nouveau l'Europe, et vint définitivement s'étabir à Paris où elle avait son salon. Elle mourut, au château de St-Assise près de Fontainebleau le 28 août 1738 (2).

(1) *Mémoires de la baronne d'Oberkirch.* t. II, p. 34.

(2) On a son autobiographie fort développée dans les *Mémoires de la baronne d'Oberkirch*, t. II, p. 321 à 348.

CHAPITRE IV

SALONS DE CONVERSATION ET DINERS DES FERMIERS GÉNÉRAUX

A la suite des salons de la noblesse, on compta ceux de la finance et de la bourgeoisie, dans lesquels les écrivains commencèrent à jouer un rôle et à prendre de l'empire. Ils cessèrent de hanter les cabarets, devinrent gourmands, et pour quelques-uns les flots de l'Hippocrène roulèrent des paillettes d'or, témoin Voltaire.

Les réunions des fermiers généraux, qui prétendirent bientôt à donner le ton, prirent pour la plupart un caractère particulier, celui de réunions gastronomiques. Ce n'est pas que les recherches de la table par la haute classe n'eussent pas commencé sous Louis XIV. Les artistes culinaires de cette époque se surpassèrent dans les soupes, un mets français par excellence. C'était un des talents du poète comique Regnard, grand gourmet et à qui ses mérites en cuisine valurent de bons traitements en Alger, pendant la captivité qu'il y subit. L'*Eschole parfaite des officiers de bouche*, un livre d'or, donne les noms et recettes de trente-quatre potages différents, chose consolante pour l'humanité.

On faisait grand cas de messire Crochet, cuisinier de M. de Neuchèse, évêque de Chalons-sur-Saône, qui composait des soupes incomparables, lesquelles donnaient à Bussy-Rabustin du dégoût pour toutes les autres. (Mémoires de Bussy-Rabutin, t. 1, pag. 207, édit. in-4°) La célèbre marquise de Sablé, qui tenait école de beaux dires et de recette exquises, et soufflait ses fourneaux pour ses amis, a laissé sur ce point une réputation respectée.

Dans les œuvres de Voltaire, sous la date de 1716, on trouve une épître à une dame, en lui envoyant la recette d'un potage :

De cet agréable rivage
Où, ces jours passés, on vous vit
Faire hélas ! un trop court voyage,
Je vous envoie un manuscrit
Qui d'un écrivain bel l'esprit
N'est point assurément l'ouvrage,
Mais qui vous plaira davantage

Que le livre le mieux écrit ;
C'est la recette d'un potage.
Je sais que le dieu que je sers,
Apollon, souvent vous demande
Son avis sur ses nouveaux airs ;
Vous êtes connaisseuse en vers ;
Mais vous n'êtes pas moins gourmande.
Vous ne pouvez donc trop payer
Cette appétissante recette
Que je viens de vous envoyer.
Ma muse timide et discrète
N'ose encore pour vous l'employer,
Je ne suis pas votre poète ;
Mais je suis votre cuisinier.
Mais quoi ! le destin dont la haine
M'accable aujourd'hui de ses coups,
Sera-t-il jamais assez doux
Pour me rassembler avec vous
Entre Comus et Melpomène,
Et que cet hîver me ramène
Versifiant à vos genoux ?
O des soupers charmante reine,
Fassent les dieux que les Guerqois,
Vous donnent perdrix à douzaine,
Poules de Caux, chapons du Maine,

Et pensez à moi quelquefois,
Quand vous mangerez sur la Seine
Des potages à la Brunois (1) !

Ces grandes traditions n'ont pas été négligées sous les règnes suivants. On n'en était pas encore, il est vrai, à cette époque où l'on s'écriait : « Qu'est devenu ce temps où la fumée du fauboug Saint-Honoré parfumait si délicieusement l'atmosphère de la capitale (2)? Mais le comte de Tessé, par exemple, suivant cette pensée de madame Du Deffand que le souper est une des quatre fins de l'homme, entretenait le feu sacré de la bonne chère. Le duc de Richelieu avait ses *Mahonnaises* ou *Mayonnaises* ; madame de Mauconseil ses *Chartreuses*, les ducs de Lavallière, de Duras, de Guines, le prince de Guéménée, aussi célèbre par les *Carrés de Veau* qu'il inventa que par sa banqueroute de vingt-huit millions, eurent l'œil à leur cuisine. *Monsieur* lui-même, depuis Louis XVIII, s'inspirant d'Horace, son auteur favori, se distingua par son *potage à la Xavier* ; le comte d'Artois édita une façon nouvelle d'accom-

(1) Le potage à la Brunois est un potage gras avec petits dés de carottes.

(2) *Le manuel des amphytrions par* Grimod de la Reynière, préface, p. 12.

moder le *riz de veau*, et le prince de Condé, ce potage savoureux qui demande à être traité avec tant de soin (1). Le prince de Salm-Kyrbourg inventait les *Salmis de bécasse*, et leur donnait son nom, dans le charmant palais élevé en 1786, aujourd'hui occupé par le grand chancelier de la Légion d'honneur. La Bruyère a stigmatisé l'homme riche dans ses Caractères, c'est le portrait du fermier général jouant le grand seigneur; hautain, important, gonflé de morgue, causeur fantasque et insolent, libertin, ambitieux, tapissé d'un gilet en pluie d'or et d'un habit de velours cramoisi (2) brodé sur toutes les coutures. Sans nul doute il a eu ses ridicules, et le théâtre a dû le fouetter de ses satires en le qualifiant de *Mondor* et de *Turcaret*; mais nulle plume ne s'est hasardée à médire de sa table, dont la réputation d'excellence était de droit acquis.

Trois générations de Grimod de La Reynière s'y sont illustrées. Le grand-père du fameux auteur de l'*Almanach des Gourmands* (3) était le plus déterminé glouton de son siècle. Après

---

(1) Monselet, *les oubliés et les dédaignés*.

(2) *Idem, Ibid.*

(3) Cet auteur, Alexandre-Balthazar-Laurent Grimod de La Reynière, était né à Paris en 1758 et mourut en 1837.

plusieurs indigestions dangereuses, il mourut suffoqué, par un pâté de foie gras (1). Sa bru, née de Jarente, était belle-sœur de l'illustre Malesherbes, et nièce de Jarente de La Bruyère l'évêque d'Orléans, d'abord évêque de Digne. Ce prélat qui tenait la feuille des bénéfices, se ruina en grande partie pour la Guimard surnommée le *squelette des Grâces*, danseuse charmante dans le genre mixte, inimitable dans les ballets anacréontiques. C'était la plus maigre chenille des courtisanes de son temps, bien qu'elle vécût sur une si bonne feuille, comme disait sa camarade la cantatrice Sophie Arnould, cette autre drôlesse osée, la jouvence éternelle, qui remplissait de ses éclats de rire et de ses bons mots la cour et la ville, à effaroucher les dames de charité d'amour (2). Fière, orgueilleuse et suivant l'expression du peintre Doyen, « attaquée de noblesse, » madame Grimod était honteuse d'avoir épousé un homme de finance. Par compensation elle ouvrit sa maison avec élégance à la meilleure compagnie. Son fils dédaignait de s'y

---

(1) *Journal historique* de Barbier, t. 4, p. 5, de l'édition donnée par la Société de l'histoire de France.

(2) Mot inventé par Fourier.

présenter, trouvant que cette compagnie n'étant guère composée que de gens de la cour, était la plus mauvaise société, « Je me suis, disait-il, vengé sur eux de l'ennui qu'ils m'ont fait éprouver. C'est en les étudiant que j'ai appris à les connaître (1). »

Un salon aussi fort fréquenté était celui d'une amie de la future demi-reine, marquise de Pompadour, alors qu'elle n'était encore que madame d'Etioles, Mimi Dancourt, femme du fermier général de La Pouplinière. Il avait, en l'épousant, réparé envers elle le dommage d'une innocence mise par lui au pillage depuis nombre d'années (2). Ce salon réunissait toutes les classes. Qu'importait à ce Turcaret, qui n'était pas le plus riche de ses collègues, mais en était le plus fastueux, en même temps qu'il était le plus vain de tous les hommes, à quoi il devait son succès ? — Que ce fût à sa table, à sa somptueuse hospitalité, ou à l'esprit dont il se piquait, pourvu que son hôtel de la rue de Richelieu

---

(1) *Grimod de la Reynière, et son groupe* par M. J. Desnoiresterres, p. 35.

(2) Il faut voir, dans les Mémoires de Marmontel, T. 1er p. 208 à 214, comment s'opéra la séparation des époux, après la découverte de la plaque de cheminée ouvrant chez eux passage de la maison voisine au duc de Richelieu. C'est un scandale dont la scène est piquante et bien racontée.

et sa petite maison de Passy (1) fussent, comme les salons de Madame Geoffrin et du baron d'Holbach, le rendez-vous de toute l'Europe diplomatique, spirituelle ou savante! La femme de La Poupelinière, amie de tout ce qui met l'esprit en mouvement et le cœur en joie, qui avait toujours le sourire et le bon propos sur les lèvres, jugeait à merveille des choses littéraires et de théâtre (elle avait, dans sa première jeunesse, monté sur les planches, comme ses parents). Auprès d'elle se groupaient Madame d'Etioles, Barthès, Duclos, Darcet et Saurin, Raynal, Suard, Boullanger, La Condamine, et, à l'occasion, le baron de Dalberg, depuis électeur de Mayence, et le prince héréditaire de Brunswick, le comte de Kaunitz, ambassadeur de l'Empereur et le comte de Viri, qui fit un assez long séjour, et l'ambassadeur d'Espagne, duc de Huescar, et l'ambassadeur de la Grande-Bretagne, le comte d'Albemarle, de tant de cœur, et le ministre de Suède, comte de Creutz, de tant d'esprit et de goût, et les maréchaux de Saxe et de Lœwendahl, de tant de glorieuse renommée, et l'homme de goût et d'art, Horace Walpole, le

---

(1) Le monde financier élisait volontiers domicile à Passy, depuis que Samuel Bernard en était devenu seigneur.

dernier aimé de l'aveugle marquise Du Deffand ; et les écrivains anglais David Hume et Gibbon, les grands douteurs dans ce siècle de doute ; puis Mercy, Stahrenberg et Seckendorff, tous les trois gentilshommes de l'ambassade de Kaunitz, et le piquant abbé Galiani et le marquis Caraccioli, car alors l'Angleterre, le Nord et l'Italie nous prêtaient leurs illustres. Chez nous, à part quelques enfants gâtés de la fortune, à qui tout sourit et qui entrent à pleines voiles dans le succès, on marchande tout aux nationaux. La France est le paradis des étrangers, pour peu qu'ils soient aimables. On ne leur marchande rien, sans qu'on s'inquiète beaucoup d'où ils sont partis. Une sorte de bourgeoise d'Odessa venue à Paris était transformée en princesse, sous le second empire. Qu'est-ce donc quand ils sont, comme ceux-ci, devancés par la renommée ! Aussi, les jours où quelque étranger de distinction devait faire son entrée dans un salon à la mode étaient-ils de grands jours. « Soyons aimables, » disait Madame Geoffrin, quand c'était chez elle ; et rarement en effet, au rapport de Marmontel, les dîners où figuraient ces étrangers manquaient-ils d'être animés par de bons propos. C'est ce qui arriva le jour où l'illustre comtesse de Lémos, depuis marquise de Serrice, se fit présenter chez Madame Geoffrin par l'ambassadeur de Charles III d'Espagne. Cette grande dame était une veuve belle, aimable, spirituelle à ravir, qui avait fondé à Madrid une manière d'hôtel de Rambouillet, sous le nom d'Académie poétique du bon goût, *Academia poetica del buen gusto*. On était loin, il est vrai, du temps de la prédominence espagnole, et le *Gil Blas* de Lesage, les *Pastorales* de Florian, l'*Inès de Castro* de Lamotte en étaient les derniers échos ; mais on savait tout ce que le mouvement littéraire français, imprimé en Espagne par Philippe V, avait eu de succès sous les règnes suivants, et quelques-uns des fidèles du baron d'Holbach, de Madame Geoffrin et du financier La Poupelinière étaient même affiliés à l'Académie espagnole de langue et d'histoire fondée à Madrid par le petit-fils de Louis XIV.

Certains jours, les salons de La Poupelinière étaient des espèces de tourbillons, des foyers d'activité dévorante, d'existences fiévreuses et surexcitées, où l'on causait et dissertait d'un côté; où, de l'autre, on jouait gros jeu, on dansait, on faisait de la musique, on était mis en joie par les couplets égrillards de Gueulette et de Carrelet, les héros de la foire ; on jouait des comédies de la façon de l'hôte. Durant la seconde partie du XVIII⁰ siècle, la manie du théâtre de société fut poussée à un tel degré que Madame de Guémenée, après l'effroyable désastre de son mari, eut pour première pensée, à son arrivée au lieu de son exil, d'appeler des tapissiers pour leur faire dresser un théâtre. Les demoiselles Ferrières, que Bachaumont appelle *les Apasies du siècle*, avaient deux théâtres où Colardeau fournissait des pièces. Ces galantes demoiselles y figuraient avec des personnes de la société (1). On jouait aussi d'une manière admirable la comédie à la Chevrette, dans la vallée de Montmorency, chez M. Savalette, où brillait sa nièce, Madame Geneviève Savalette, marquise de Cléon, qui attirait l'affluence de trois cents carosses à trois lieues de Paris. Il y avait un théâtre à Saint-Germain, chez M. le duc d'Ayen où la comtesse de Tessé déployait un talent incomparable dans un drame de Lessing traduit par Trudaine. Le *Mariage de Figaro* fut joué pour la première fois à Gennevilliers, chez le comte de Vaudreuil. « Plus de dix de nos femmes du grand monde, dit le prince de

(1) Les pièces jouées par ces demoiselles ont été imprimées.

Ligne, jouent et chantent mieux que ce que j'ai vu de mieux sur tous nos théâtres. » La joie de se faire applaudir par la société inspirait chez les femmes l'émulation et le talent.

Parmi les habitués des salons de La Poupelinière paraissaient encore quelques hommes qui certes ne déparaient pas la société : le poète Desmahis, Jean-Jacques Rousseau, Thomas, de l'Académie Française; le compositeur Rameau, le délicieux pastelliste Latour, le célébre mécanicien Vaucanson, dont tout l'esprit était en génie (1); Carle Van Loo, et la charmante cantatrice italienne sa femme; Pigalle le sculpteur et Chardin, le peintre de la nature, parmi lesquels se mêlait un subtil avocat, nommé Balot. Dans ce tableau vivant, on voyait Marmontel, le conteur gourmand, se prodiguer et distribuer des raffraîchissements aux invités.

La maison d'Helvétius devint, par la suite, un des plus aimables centres de conversation des personnages distingués. Financier élégant, il avait convié à sa table les philosophes et les beaux esprits : Diderot, D'Alembert, Galiani, Raynal qu'on retrouvait partout. Helvétius visitait Voltaire à Cirey, Buffon à Montbard, Montesquieu à

---

(1) *Marmontel*, t. I de ses *Mémoires*.

La Brède, il les recevait à l'occasion, et dépensait, pour le soutien et l'agrément des gens de lettres, les trois cent mille francs que lui rapportait sa charge de fermier général. En 1738, il était encore fort jeune, quand Voltaire lui adressait une épître commençant par ces mots :

Apprenti fermier général,
Très savant maître en l'art de plaire...

Il quitta sa femme pour se livrer exclusivement à l'étude et publia son livre de l'Esprit, qui fut brûlé par la main du bourreau, à cause de ses opinions subversives de tout sentiment religieux. Il n'en était pas moins un homme honnête et très bienfaisant. Il fit une pension à Marivaux. Après sa mort, sa veuve continua son salon à Auteuil, où se montrait constamment Franklin, et ce fut un des plus goûtés du siècle. Animée des mêmes sentiments généreux que son mari, Madame Helvétius dépensait tous ses revenus pour complaire à ses sociétés, et en mourant, elle légua sa maison au médecin philosophe Cabanis. Cette dame était une Ligniville, de famille distinguée, mais pauvre, de Lorraine, nièce de Madame de Graffigny. Elle avait la manie des chats, comme autrefois Madame de Bouillon. Elle possédait une vingtaine d'Angoras devenus les maîtres chez elle, habillés de longues robes fourrées pour ménager la leur, et ils étaient servis dans de la vaisselle plate. On ne sait pas ce qu'en fit son héritier, s'il continua à les entretenir comme leur ancienne maîtresse, ou s'il s'en servit pour des études physiologiques.

On trouve encore un fermier général au chapitre VI.

Mais qu'on ne suppose pas que tous les fermiers généraux ressemblassent à ces insolents La Poupelinière et Bouret, quelques-uns étaient mesurés et d'une conduite délicate.

CHAPITRE V

MADAME DE MARCHAIS. — MADAME DE GRAFFIGNY. — MADAME DE FORCALQUIER. — MADAME FORQUEUX. — MADAME BRIFFAUT. — MADAME DUPIN. — MADEMOISELLE DE RIENCOURT, DEPUIS FEMME DU FERMIER-GÉNÉRAL D'OGNY. — MADAME DOUBLET DE PERSAN. — MADAME HARENC.

Réparons dix ou douze omissions qui nous ont échappé. Entrons, à la suite de Marmontel, qui tient à se produire, et du comte d'Angiviller qui s'efface, dans ce salon si bien rangé, aux Tuileries, pavillon de Flore. C'est là qu'habite la femme du premier valet de chambre du Roi, Madame de Marchais, la plus spirituelle et la plus aimable des femmes, la meilleure et la plus essentielle des amies. Son salon était composé de tout ce que la cour avait de plus agréable, de tout ce que les lettres pouvaient offrir de plus distingué du côté des mœurs et des talents. Elle lisait tout ce qui paraissait, bon ou mauvais, comme cet homme qui disait : « Peu n'importe que je m'ennuie pourvu que je m'amuse. » Elle voyait fréquemment le marquis de Bièvre, avec Choderlos de Laclos et le marquis de Créquy. Aussi, avait-elle pris des habitudes sarcastiques et la voyait-on gâter son monde à la baguette. Parmi les gens de lettres, elle est au pair avec les plus ingénieux. Parmi les femmes, elle eût été réputée pour la plus gracieusement spirituelle, si elle ne les eût offusquées en touchant à tous les sujets. Grande musicienne, elle avait été des petits spectacles de Madame de Pompadour, sa parente, et quand ces fêtes avaient cessé, elle avait continué ses relations avec la favorite, et ne se servit auprès d'elle de son crédit, que pour aider les honnêtes gens, ses amis.

Son jeune ami, M. d'Angiviller, doué d'une belle figure, du goût des lettres, favorisé de l'estime du Roi et de la considération générale, était inséparable de Madame de Marchais. Il se conduisait avec une imperturbable discrétion avec le mari, et après sa mort, il finit par épouser la veuve.

M. de Foncemagne, de l'Académie des Inscriptions, avait aussi une réunion qu'on appelait *la Conversation*. C'était une assemblée de gens d'esprit, qui s'établissait régulièrement chez lui tous les soirs. Il n'y avait ni jeux ni femmes, et l'on y dissertait philosophiquement comme jadis à Athènes, au lycée du Portique (1).

On trouve ensuite en première ligne les calmes boudoirs de Madame de Graffigny. Que de charmes dans les sociétés de cette dame, l'amie de Panpan et la correspondante de Néricault Destouches ! Que d'atticisme dans le *Cabinet vert* de Madame de Forcalquier, appelée par Madame Du Deffand du sobriquet amical de *Petit Chat*, de *Minet* et de la *Bellissima !* Femme capricieuse, espiègle, coquette, charmante du reste, qui ne pouvant faire constater authentiquement, pour obtenir une séparation, un soufflet reçu de son mari en tête à tête et sans témoin, entra résolument dans le cabinet de celui-ci et lui dit : « Tenez, monsieur, voilà votre soufflet, je vous le rends, je n'en puis rien faire. » Le salon de cette dame était un coin précieux renouvelé de l'hôtel de Rambouillet. Grands seigneurs, grandes dames, actrices, gens de lettres, tout ce qui, dans le monde distingué, avait son piédestal et fait son bruit, y jouait un rôle, tumulte élégant du plus aimable abandon. La comtesse de Sandwich, le prince de Beauvau, la spirituelle Madame de Rochefort, la belle et brillante Madame

---

(1) *Mémoires secrets de Bachaumont.*

de Luxembourg, fille du marquis de Seignelay, Madame Du Deffand, avant sa cécité; Dussé, le distrait, plein d'esprit et de charmante humeur, la bonté même, et qui s'imaginait n'avoir été créé que pour les autres, le président Hénault, et le père de *Vert-Vert*, le doux Gresset, avaient fait et faisaient encore leurs beaux jours de cette société. Mademoiselle Jeanne Quinault, la fameuse soubrette de la Comédie Française, en était un des arcs-boutants, avec M. de Forcalquier, fils du maréchal de Brancas, qui avait de l'esprit à n'en savoir que faire. C'était, comme le lui reprochait Madame Du Deffand, un feu d'artifice étourdissant de traits, de bons mots et d'épigrammes. Mademoiselle de Flamarens disait, avec plus d'indulgence, qu'il éclairait une chambre en y entrant (1). Mais il était la lumière du *Cabinet vert* ; lui mort, le cabinet ne fut plus qu'un tombeau.

On a remarqué qu'il y eut alors à Paris l'invasion d'une sorte de persiflage (2) et de méchanceté,

(1) *Mémoires du président Hénault*, p. 182, 183.

(2) Duclos appelle le *persiflage* « un amas fatigant de paroles sans idée, une volubilité de propos qui font rire les sots, scandalisent la raison, déconcertent les gens honnêtes ou timides et rendent la société insupportable. Ce mauvais genre, ajoute-t-il, est quelquefois moins extravagant, et alors il n'en est que plus dangereux. C'est lorsqu'on immole quelqu'un, sans qu'il s'en doute, à la malignité

qui fut quelque temps une mode, une fureur, partie du cercle brillant de Forcalquier, de Stainville et de la duchesse de Chaulnes, elle gagna les sociétés subalternes, et ce fut l'époque où Gresset eut l'idée de son *Méchant*.

Madame Du Boccage, qui avait aussi de petits soupers, était une femme de lettres d'un caractère estimable, réunissant, comme Madame Geoffrin, une société littéraire, mais conforme à son esprit doux et triste. Il régnait chez elle un air d'ennui qui chassait les gens. L'abbé de Mably était le grand prêtre, l'oracle de la maison.

« Il y avait aussi le salon de Madame de Four-
» queux, égayé par les mystifications du célèbre
» Goys jouant le personnage et le sexe « prétendu »
» de la chevalière d'Eon. La veuve d'un médecin du
» duc de Choiseul, Madame de Vernage, tenait, rue
» de Mesnars, un salon de littérateurs et de philoso-
» phes, dont elle croyait avoir fait le premier salon
» de Paris, parce qu'il avait l'honneur des visites
» de l'archevêque de Toulouse, Loménie de
» Brienne ; puis, c'était encore le salon de cette

d'une assemblée, en le rendant à la fois instrument et victime d'une plaisanterie commune par les choses qu'on lui suggère et les aveux ingénus qu'on en tire. »

» comtesse de Turpin, « Minerve quand elle
» pense, Erato quand elle écrit, » disaient les poë-
» tes du temps, salon que Voisenon charmait,
» qu'emplissaient ses amis. Venait ensuite le salon
» de Madame Briffaut, fille d'une cuisinière, ma-
» riée à un marchand, fait écuyer par Madame du
» Barry, citée comme une des plus jolies femmes
» de Paris, et qui, pour se décrasser, s'était formé
» une société d'écrivains, de gens à talents et d'ar-
» tistes (1). »

La maison de Madame Dupin, que Jean-Jacques appelle une des premières de Paris, même après qu'elle eut perdu de sa splendeur, représentait le monde élégant et distingué des financiers du XVIII° siècle, et les Mémoires, ou pour mieux dire les confessions de Madame d'Epinay, qui, avec celles de Rousseau, l'ont fait connaître, sont peut-être l'ouvrage qui peint le mieux la légèreté de mœurs du siècle, sa passion pour les choses de l'esprit et pour les dissertations philosophiques, pour la recherche de la vérité.

La découverte qu'on a faite dans ces derniers temps de documents inédits sur cette dame et dont le premier volume est déjà publié ajoute

(1) Les frères *De Goncourt, la femme au XVIII° siècle.*

beaucoup à la belle et maintenant incomplète édition de ces mémoires. C'était un des plus importants salons de causerie de la seconde partie du XVIIIe siècle.

Heureux qui prenait part aux conversations à la fois enjouées, légères et contenues de Mademoiselle de Riencourt, depuis femme du fermier général d'Ogny. Jolie à ravir, un pastel mignon, coquet et fleuri, autour duquel se groupaient le comte de Maillebois, Trudaine et Montigny, Morellet, l'abbé Arnaud, Bougainville, Chastellux, et qui charmait ses auditeurs en chantant et touchant du clavecin.

De pareils plaisirs rendaient bien pesants les vendredis littéraires, tirés à quatre épinglés, de Madame Necker, si durement peints dans les mémoires de la baronne d'Oberkirch, et représentés avec plus d'indulgence par Marmontel et par Morellet (1). Celui qui était fort répandu et ne redoutait pas le doux parler et le sans-gêne des entretiens, allait se refaire à la ruelle sémillante des actrices Quinault, Clairon et

---

(1) Ces Mémoires de Madame d'Oberkirch sont authentiques; mais je crains que, pour les écrire, elle n'ait souvent usé des Mémoires du temps et des nouvelles à la main.

Contat, héritières des élégances d'Adrienne Lecouvreur ; ou bien avait la ressource du salon de quelque fermière générale.

On fréquentait aussi beaucoup les conférences de Madame Doublet de Persan. Cette dame qui appartenait, comme sa petite nièce, la duchesse de Choiseul, à la nombreuse famille du gros agioteur Croizat, l'homme le plus riche de France, sorti des bureaux de Penautier (1), était restée veuve de bonne heure avec peu de fortune, mais était riche en relations de société, qui attiraient chez elle les traditions de la bonne compagnie et qu'y fixait le seul empire de l'amabilité. Elle s'était retirée dans un appartement des logis extérieurs du couvent des Filles Saint-Thomas. Les deux frères jumeaux Lacurne et Sainte-Palaye, Dortous de Mairan, secrétaire perpétuel de l'Académie des Sciences, Mirabaud, de l'Académie française, l'oratorien Laureault de Foncemagne, de l'Académie des Inscriptions, Voltaire, d'Argen-

---

(1) Penautier, peint par La Bruyère, au chapitre des *Jugements* § 88. (« Le plus grand malheur après celui d'être convaincu d'un crime, est souvent d'avoir à s'en justifier. ») était receveur général du Clergé et trésorier des Etats de Languedoc. Il fut impliqué dans le procès de la Brinvilliers, et fut accusé d'avoir empoisonné Matarel, trésorier des Etats de Bourgogne. (Voir Madame de Sévigné et Saint-Simon). Crozat, qui n'avait empoisonné personne, était le caissier de Penautier.

tal, le médecin consultant du Roi, Camille Falconnet, de l'Académie des Inscriptions, le censeur royal Pidansat de Mairobert, secrétaire des commandements du duc de Chartres, depuis Philippe *Egalité*; Mouffle d'Argenville, l'abbé Chauvelin, président à Mortier; l'abbé François Xaupi, l'abbé Legendre, frère de la maîtresse de la maison,

> Vénérable abbé
> Qui siégeait à table
> Mieux qu'au jubé (1),

disait Piron, et qui, en matière de chansons était rival de l'abbé de Lattaignant; l'abbé de Voisenon, qui se permettait beaucoup; Piron, qui se permettait davantage encore, bien que dévot par saccades, en haîne, disait-on, de Voltaire, étaient les habitués de la *Paroisse*; c'est ainsi qu'on appelait ce cénacle de vieux nouvellistes. Tel Bachaumont, le conteur intrépide et salé, le plus vieil ami de Madame Doublet, et qui partageait son logement aux logis extérieurs du couvent. On y était janséniste, ou du moins très parlementaire, mais on y était peu chrétien, dit Grimm, en sa Correspondance. Jamais croyant n'y fut admis, si

---

(1) Il ne faut pas le confondre avec son homonyme, excellent historien, dont les Mémoires ont été publiés chez Charpentier.

ce n'est M. de Foncemagne : du reste, on n'affichait pas dans la maison cette liberté de penser philosophique, on s'en servait sans en jamais parler : on donnait la première attention aux nouvelles (1). Là, pendant quarante années, on se réunissait, toujours les mêmes, chacun à la même place et sous son portrait. Deux registres étaient ouverts : l'un pour les nouvelles réputées certaines, l'autre, pour les douteuses. Chacun, à son tour, disait la sienne, qui, après discussion, était inscrite à sa place. Rien de divertissant comme cet examen, où chaque esprit et chaque caractère se dessinaient dans tout leur jour. Pour l'abbé Legendre et l'abbé Voisenon toute chanson était vérité ; Piron, qui puisait tout son orgueil dans sa qualité de lettré et se posait en prince de la littérature, Piron, qui tenait du taureau et du Bacchus d'enseigne, causeur étincelant, plus Bourguignon qu'Athénien, moins fin que Gaulois, bonhomme qui croyait être méchant, parce qu'il était brusque, brutal et sans mesure, et qui s'imaginait intimider par l'invective et la répartie

---

(1) *Correspondance de Grimm*, juin 1771, tome 7, p. 265, de l'édition de Furne ; à cet endroit, Grimm donne un portrait assez piquant de Bachaumont, qui vient de mourir.

ou séduire par l'imprévu, la franche humeur et la gaieté pantagruélique, apportait là ses habitudes du café Procope, et donnait volontiers tort aux gens de cour que défendaient d'Argental et Mirabaud avec Chauvelin. Foncemagne, savant de profession, religieux de conviction, et parlant comme un livre, châtiait de verve les anecdotes en déshabillé. Pas de glace de Venise plus polie ni plus nette que ce caractère, pas de verbe plus droit et plus ferme pour barrer le passage aux saillies scabreuses du Bourguignon émérillonné, en pointe de Chambertin, même le Saint-Vendredi, sous prétexte que l'humanité peut chanceler quand la divinité succombe. « Ah! s'écriait-il, ah! mes enfants, ce vin d'or, c'est mon ami! c'est mon frère. Mon Dieu, veillez sur nos vignes! Je n'ai plus que douze tonneaux de vin dans ma cave, personne que moi n'en boit; et si ce temps-ci dure et que je vive encore six mois, je suis un homme mort au printemps (1). » Mairan, placide, à l'humeur douce et riante, et logicien inexorable sous les formes géométriques, mettait le holà quand Madame de Persan s'oubliait un peu à dormir. Pas n'est besoin d'affirmer que, suivant

(1) *Lettre de Piron à son frère,* 6 août 1763.

l'humeur ou l'obstination de quelque nouvelliste, le livre du certain usurpait sur les droits de son voisin. Pour donner plus de grâce et d'entrain au cénacle, quelques femmes y étaient mêlées, qui jetaient de l'émulation parmi les conteurs par leurs propres contes. C'étaient Madame d'Argental, Madame Du Boccage, Madame Rondet de Villeneuve, Madame de Besenval et quelques autres aux vives allures.

Quel renfort de billevesées, vraies ou fausses, quand mourut, le 8 février 1762, le vieux Falconet, qui, en toute sa vie, avait ramassé, en autant de cartes, plus de cent cinquante mille anecdotes, dont il n'avait pas toujours fait confidence à la Paroisse, et quil avait léguées avec sa magnifique bibliothèque à Sainte-Palaye, de l'Académie française !

C'était dans les registres de la paroisse que se puisaient les éléments de ces *Nouvelles à la main*, qui étaient glissées, tous les samedis, sous les portes ou dans les boîtes des hôtels, et dont le valet de chambre de Madame d'Argental, nommé Gilet, accrédité chez Madame de Persan, faisait spéculation.

Disons, en passant, qu'avant cette officine, on

en avait compté deux ou trois autres. Et d'abord, celle d'un nommé Blanchard qui, par arrêt du 24 septembre 1663, fut condamné à être battu et fustigé au milieu du Pont-Neuf, ayant, pendus au cou, deux écriteaux, devant et derrière, portant ces mots : *Gazetier à la main*, puis un nommé Dubreuil, établi rue de Turenne, et qui avait débité, de 1728 à 1731, ses nouvelles frélatées assez peu piquantes, qui avaient eu cependant l'art de se faire interdire. Avait couru ensuite une autre feuille plus vive, dont à tort ou à raison, on avait accusé un homme d'esprit qui s'en défendait, l'abbé Prévost, qu'on avait néanmoins exilé à Marseille, malgré ses protestations. Enfin, un autre nouvelliste avait distribué sa marchandise, deux fois la semaine, dans les maisons et dans les cafés, avec autorisation tacite. Cela coûtait 30 ou 40 sous par mois et rapportait une somme assez ronde. Mais, de nouveau, la maladresse et l'indiscrétion du rédacteur avaient donné l'éveil; et le parlement, pressé vivement par les plaintes, s'était vu forcé, en 1745, de défendre les nouvelles à la main, sous peine de fouet et du bannissement pour la première fois. On dit même que le malheureux écrivain avait expié son étourderie par un séjour à la Bastille. La circulation avait en effet, un peu cessé, pour reprendre clandestinement à domicile, malgré les arrêts. En France, on a sur tout sujet les plus belles lois, les plus beaux réglements du monde, arsenal qui écrase et paralyse toute chose, ou bien qui dort et se rouille. Viennent des excès intolérables, on se souvient des moyens de répression ; mais le mal fait est irréparable.

L'apparition des premiers cahiers des Mémoires imprimés par Bachaumont, en 1761, n'empêcha nullement les *nouvelles à la main* de courir, comme elles le faisaient depuis longtemps, par les soins du valet de Madame d'Argental et des laquais de Madame de Persan. Les nouvelles, qui étaient un extrait fort peu scrupuleux des deux registres, avaient eu aussi leurs démêlés avec la justice pour quelques indiscrétions commises, en 1752 et 1753, lors des différends parlementaires avec le gouvernement, à propos des affaires de la religion; Marc-Pierre de Voyer d'Argenson, non le marquis, mais le comte, son fils, qui au département de la guerre réunissait celui de Paris, avait chargé, en 1753, le lieutenant général de police Berryer, d'enjoindre, au nom du Roi, à Madame

Doublet, de faire cesser au plus tôt un pareil abus, sous peines sévères. La bonne dame n'en tint compte et ne congédia aucune des personnes signalées comme débitant des nouvelles hazardées et tenant des discours peu mesurés. Mais plus tard, une fausse nouvelle, sortie de chez elle, et qui annonçait que l'escadre de M. de Blénac avait été prise en entier par les ennemis, souleva la marine et irrita le duc de Choiseul. Se sentant compromis dans la dignité du département qu'il dirigeait par son cousin le duc de Praslin, M. de Choiseul envoya une seconde fois Berryer à Madame Doublet: « D'après les malheurs qui sortent de la boutique de Madame Doublet, écrivait-il, je n'ai pu m'empêcher de rendre compte au Roi de ce fait et de l'intolérable imprudence des nouvelles qui sortent de chez cette femme, ma très chère tante. En conséquence, Sa Majesté m'a ordonné de vous mander de vous rendre chez Madame Doublet et de lui signifier que, s'il sort désormais une nouvelle de sa maison, le Roi la renfermera dans un couvent d'où elle ne distribuera plus de nouvelles aussi impertinentes que contraires au service du Roi (1). »

(1) *Cabinet de M. Peuchet.*

La Paroisse, un peu effarouchée, se tut pour quelques jours. Mais la langue lui démangeait, et le valet de chambre-secrétaire, pris en flagrant délit de distribution de cahiers manuscrits, paya pour elle en 1762, et fut mis en prison. Et la paroisse de rire. Assemblées, registres, sottisier, nouvelles à la main, chronique littéraire et politique n'en allèrent pas moins leur train, comme de coutume, faisant concurrence, sous le règne suivant, après la chute du duc de Choiseul, au comte de Maurepas, pour qui le naïf ministre, Amelot de Chaillou, qui fut cependant de l'Académie française, ramassait dans Paris tous les couplets et opuscules grivois que faisait naître la licence de certaines plumes. Un petit bureau avait été institué ad hoc par les soins du ministre. Les auteurs de facéties venaient là en donner lecture. Derrière eux, on en faisait un choix pour l'égaiement du mentor du jeune roi. Tout cela entrait dans la composition du fameux recueil qui porte le nom de *Maurepas* à la bibliothèque nationale et constitue l'un des sottisiers les plus riches et les plus curieux qui aient été formés pour l'histoire de la gaieté pornographique et du scandale. *Les mémoires secrets pour servir à l'histoire de la république des lettres en France*, qui ont pris le nom de *Mémoires de Bachaumont*, formés d'extraits des registres, vont de janvier 1772 à janvier 1787. C'est une source inépuisable d'informations curieuses, dont Laharpe dit beaucoup de mal, parce qu'il y est fort maltraité. Beaumarchais, qui y est plus maltraité encore, se bornait à hausser les épaules et dédaignait le qu'en dira-t-on ? Il s'était formé des pamphlets écrits contre lui une bibliothèque qu'il appelait « le piédestal de sa statue. » Si je ne dis pas autant de mal des *Mémoires* secrets qu'en a pu dire Laharpe, ce n'est pas que je ne me méfie souvent de ces cailletages parfois pareils à tous ces bruits impertinents que, de nos jours, le matin voit éclore et le soir mourir, qui jettent à tort et à travers au désœuvrement du monde le bien et surtout le mal, le vrai et surtout le faux, s'abîment dans la diffamation et parfois dans la calomnie ; passe encore pour la médisance.

»Tout faiseur de journaux doit tribut au malin», a dit La Fontaine, mais, il faut le reconnaître, Bachaumont a beaucoup de mauvais propos, et s'il a l'inconvénient des recueils de cette nature, celui d'enregistrer un peu trop à la volée les bruits publics, ce n'est pas moins, à tout prendre, un recueil de bonne foi, dont les mémoires du temps et les documents inédits ont le plus souvent confirmé les rapports, qui s'est pu tromper, mais n'a pas trompé sciemment. Bachaumont qui, de fort aimable qu'il avait été, était tombé, à la fin de sa vie, dans l'insignifiance d'une médaille effacée, n'a réellement rédigé que les quatre premiers volumes du recueil et moitié du cinquième. Il mourut plus qu'octogénaire, le 28 avril 1771, quelques mois avant Madame Doublet de Persan, plus âgée que lui de treize ans (1). Les Mémoires furent continués par Mairobert. Après la mort de ce dernier arrivée en 1779, ce fut d'Angenville qui tint la plume, et la tint si vertement jusqu'en 1787, que le gouvernement lui fit faire un tour à la Bastille.

La correspondance de Grimm, plus complète de douze ans que les mémoires de Bachaumont, de vingt que la correspondance de La Harpe, de vingt-sept que Métra, reflète les derniers rayons du grand siècle et s'éclaire des premières lueurs d'une époque de renouvellement politique et litté-

(1) Louis Petit de Bachaumont, né en 1690, mort en 1771, Madame Doublet, née en 1677, morte en 1771.

raire. Grimm écrit quand régnaient Fontenelle et Montesquieu, où brillaient Voltaire, d'Alembert et Buffon, et termine où se lève Mirabeau.

Encore quelques jours, et l'ouragan balayait tout, le génie avec le papilottage du siècle, la vieille monarchie d'autre fois, avec le petit carnaval de marionnettes qui riaient presque toujours et ressemblaient assez à des hommes. Aux causeries nonchalantes, aux jeux du théâtre et de l'esprit, de l'amour et du hazard, avaient succédé les clameurs frénétiques, l'orgie des paroles, le besoin de conserver avec la soif d'acquérir, et l'échaffaud dressé pour abattre ce qui avait été riche, vertueux ou grand sur la terre, en attendant que la lie retombât au fond par sa propre grossiereté et laissât surnager les grands principes reconquis.

Quant aux *nouvelles à la main*, elles ont été disséminées aux trente-deux vents du ciel. On en retrouve un certain nombre de numéros épars. Les plus recherchés sont ceux dont la date est antérieure à celle des mémoires secrets, un grand nombre de ceux qu'on rencontre ne sont malheureusement que des chroniques scandaleuses, dont parfois l'indécence révolte et où se reconnaît la main d'un bel esprit d'antichambre, qui vivait d'écouter aux portes de la paroisse et n'en gardait pas le bon. On en possède à la bibliothèque de l'Arsenal qui sont de la main de Cherrier. La bibliothèque nationale en a réuni cinq volumes sous le titre de *Journal historique*, et qui vont de 1738 à 1745.

Il ne faut pas négliger de citer les réunions sans faste de Madame Harenc, femme de cœur, d'esprit et de bon conseil, fort cultivée par Marmontel, et qui recevait d'Alembert, Mademoiselle de Lespinasse, la marquise Du Deffand, la belle Madame Desfourniels, qui, par l'extrême délicatesse de ses traits, avait fait le désespoir des peintres les plus habiles; sa sœur, Madame Valdec, aussi aimable qu'elle, quoique moins belle; la jeune Desfourniels, depuis Madame de Chabrillant; M. de Presle, fils de Madame Harenc, aussi laid que sa mère, mais aussi aimable, distingué par son goût et ses lumières parmi les amateurs des arts; un M. de Lantage et son frère, homme d'esprit, passionné pour Rabelais et plein lui-même de l'ancienne gaieté gauloise; enfin, M. de la Silière qui rappelait La Fontaine par sa candeur et Vauvenargues par son esprit philosophique (1).

Pendant plus de douze ans, Morellet avait un déjeuner, le premier dimanche de chaque mois. Les habitués en étaient M. et Madame Suard, M. et Madame Saurin, M. et Madame Marmontel, D'Alembert, le chevalier, depuis marquis de Chastellux, Lémontey, La Harpe, Delille, Charles Brifaut, le marquis Garnier, le marquis de Barthélemy, Lainé, Maine de Biran, Pasquier, Molé, Madame de Vintimille, femme d'une exquise sensibilité, d'un goût sûr et délicat (2). On causait agréablement, on lisait de la prose et des vers, on faisait de la musique que dirigeaient Grétry, Hulmandell, Capperon, Traversat, Caillot, Duport, etc. La même société se retrouvait en grande partie chez Madame Necker, jusqu'au temps où les querelles de musique amenèrent des scissions.

(1) *Mémoires de Marmontel*, t. Ier.
(2) *Mémoires de C. Brifaut de l'Académie Française*.

CHAPITRE VI.

DINERS CHEZ LE FERMIER GÉNÉRAL PELLETIER. DINERS DU BOUT DU BANC. MADAME D'EPINAY.

Pour achever l'esquisse du portrait du siècle, il nous reste à citer encore un ou deux dîners libres ou plutôt licencieux, à l'un desquels Marmontel avoue s'être mêlé. Ce dernier dîner se donnait, toutes les semaines, chez un fermier général du nom de Pelletier, à huit ou dix garçons, tous amis de la joie. Parmi les convives, les têtes les plus folles étaient Collé, que Bachaumont appelle l'*Amphigourique*, et Crébillon le fils. C'était entre eux un continuel assaut d'excellentes plaisanteries. Prenait part au combat qui voulait. L'amour-propre du bel esprit y était fort attaqué, et il l'était sans ménagement : il fallait qu'il capitulât quand il osait paraître. Collé était brillant au delà de toute expression, et Crébillon, son adversaire, avait surtout l'adresse de l'animer en l'agaçant (1). Marmontel, qui s'ennuyait de n'être que spectateur, s'élançait quelquefois dans l'arène à ses périls et risques, et y recevait des leçons de modestie un peu sévères (2). Quelquefois aussi s'engageait dans la querelle un certain Monticourt, railleur adroit et fin et ce qu'on appelait alors un persifleur de première force. Mais la vanité littéraire qu'il attaquait, en se jouant, particulièrement contre Marmontel, ne donnait aux convives aucune prise sur lui ; en s'annonçant lui même dénué de talent, il se rendait invulnérable à la critique (3). Marmontel le comparait à un chat qui, couché sur le dos, les pattes en l'air, ne présenterait que les griffes. Bernard, qui était aussi de ces dîners, se tenait toujours sur la réserve.

Mais voyez quelle était, dans cette société, la façon de rire mordante et amère. On était convenu de se dire mutuellement toutes ses vérités. Chaque convive avait son tour de sellette pendant toute une séance. On le déclarait malade. Alors,

---

(1) *Mémoires de Marmontel*, t. I.
(2) Idem, ibid.
(3) Idem, ibid.

tous les traits se dirigeaient contre lui, et seul il lui fallait tenir tête à ces attaques déchaînées. Qu'on se figure la politesse et la grâce d'un pareil commerce et qu'on songe aux sentiments avec lesquels on devait se quitter, après avoir lâché ou reçu en pleine poitrine de telles bordées, à travers les cris et les éclats de rire d'une meute échauffée par les fumées du vin. On appelait cela de l'esprit. Si c'en était, il faut l'avouer, c'était de l'esprit à outrance et bien mal employé (1).

L'autre dîner, celui-là aussi étrange et bizarre, et qui s'était intitulé le *Dîner du bout du banc*, se tenait de 1740 à 1755, deux fois la semaine, alternativement chez le savant facétieux comte de Caylus, et rue d'Anjou Dauphine, chez Jeanne-Françoise Quinault, fille cadette du superbe acteur de la Comédie Française, Quinault-Dufresne, amie de Piron, surnommée *Tonton*, à cause de son riant embonpoint. « Suffit, » dit Piron, au comte de Livry ;

---

(1) Le pauvre Le Pelletier devint imbécille, et l'on a trouvé le courage de l'insulter dans un livre d'un sieur Turpin, intitulé : *Voyage à Ceylan, ou les philosophes voyageurs*. L'ouvrage a été réimprimé, en 1781, sous un titre nouveau.

> Suffit que ma belle amie
> Que vous appelez Tonton,
> Que Tonton, jadis momie,
> De graisse ait un peloton.

Elle était née avec le siècle et avait débuté à la Comédie Française dans le caractère de Phèdre, mais avait promptement laissé la tragédie pour les rôles de soubrette où elle avait réussi à miracle. Retraitée en 1741, elle ne cessa qu'à sa mort, en 1788, de voir le meilleur monde, ayant maison ouverte à tous les beaux esprits du temps. M. de Francueil, que Duclos appelait le *Hanneton*, la proclamait la *Ninon du siècle*, et Voltaire l'appelait la *charmante, l'ingénieuse et sage critique, ma souveraine*, et le reste, tout en lui reprochant amèrement d'avoir introduit, sans doute par trop d'amitié pour La Chaussée et Diderot, le goût des tragédies bourgeoises, goût misérable pour lequel, disait-il, il eût voulu l'étrangler.

Au *Dîner du bout du banc*, la pièce de milieu était une écritoire chargée d'enregistrer toutes les saillies et improvisations des convives, société sensuelle et facile, où les mots les plus piquants, toutes les témérités de pensée et de langage, toutes les métaphores enragées, toutes les ironies et les impiétés se croisaient à huis clos en volées joyeuses sur les lèvres des plus brillants esprits. Ces habitués étaient Voltaire, quand il était à Paris, et Piron, les rivaux étincelants ; Piron que, plus d'une fois, Mademoiselle Quinault rappelait à l'ordre ainsi que Voltaire, le ricaneur universel (1) ; d'Alembert, l'éclat de rire le plus franc, le plus communicatif, quand il avait secoué sa géométrie ; l'auteur orgueilleux du *Philosophe marié* et du *Glorieux*, plus glorieux dans sa préface que son héros lui-même, le diplomate Néricault Destouches ; Marivaux, Duclos, si plein de rudesse, de talent froid et de tact ; Collé, Paradis De Moncrif, l'homme aux chats, secrétaire du prince abbé comte de Clermont et lecteur de la Reine, dévot à la Cour, homme de plaisir à la ville, surtout libre chansonnier ; le plus étrange ministre, Richelieu-Trivelin, le comte de Maurepas, et le marquis d'Argenson ; le président de Montesquieu, le chevalier d'Orléans, fils naturel

(1) Le premier tenait devant elle des propos dissolus dont elle rougissait et dont il n'est pas bien certain qu'elle ait réussi à le faire rougir. D'un regard, dans les réunions, elle arrêtait l'ordure sur les lèvres du cynique : « Vous avez été très bien au souper que nous avons fait ensemble hier, lui écrit-elle un jour, je suis fort contente de vous, et vous n'avez pas été immonde. » *Lettres inédites de Piron et de Mademoiselle* Quinault, publiées par M. Bonhomme ; 1re lettre.

du Régent et d'une Lavallière égarée, la comtesse d'Argenton; Dont de Veyle, l'abbé de Voisenon, Saint-Lambert, le spirituel Boufflers, d'abord petit abbé moins la tonsure, puis chevalier galant, peignant le portrait au pastel et « se payant, dit-on, entre les bras de ses modèles, » ensuite marquis et l'un des quarante, que Saint-Lambert avait surnommé *Voisenon le Grand*, et dont la mère ne comprenait pas que l'on pût aimer Dieu. Cet étourdi fut guéri de ses folles galanteries par l'amour et finit par en épouser l'objet, Madame Eléonore de Sabran (1); Sallé, Christophe-Barthélemy Fayan, l'auteur de nombre de petites pièces de théâtre : le *Rendez-vous*, la *Pupille*, l'*Etourdi*, etc.; Crébillon fils, bonhomme au fond et pas trop dissolu de mœurs, bien que le père de la prose en pet-en-l'air; Madame d'Epinay, la maîtresse du baron de Grimm, qui entendait si lestement l'usage comme l'abus de la jeunesse et de la grâce, et valait mieux que ses mœurs; enfin son amie, la corrompue à mots couverts, la maîtresse de M. de Valory, la demoiselle Dette, fille mure, dont le visage était, disait-on, une jatte de lait sur laquelle on eut jeté des feuilles de rose,

(1) M. Prat, en collaboration avec un membre de la famille de Sabran, M. de Magnieu, a donné leur correspondance, chez Plon.

belle autrefois comme un ange, et à qui ne restait plus que l'esprit d'un démon. Jean-Jacques lui-même, un jour de bonne humeur, fut présenté par Duclos, en 1755, et y fit quelque temps sa partie. Ce titre de Dîner du bout du banc, comme si l'on eut dit dîner fait à la hâte, sur le pouce, sobrement et sans façon, plaisait à sa simplicité. Il eut bientôt vu à la bonne chère que le titre était menteur. Chaque convive usait à sa guise de l'écritoire. C'est là que se commettaient, au choc des verres, les *Etrennes de la Saint-Jean*, les *Ecosseuses*, le *Ballet des Dindons* (1). Maurepas et sans doute aussi Montesquieu, dont l'esprit se mettait assez volontiers à la diète, fournissaient à toutes ces extravagances en style de Vadé, inspirées du catéchisme poissard. Rousseau, pour prouver qu'on pouvait écrire un conte amusant sans faciles amours, sans gravelures, lut son conte de la *Reine fantasque*, où il se montre, par la finesse et par la gaieté, le rival d'Antoine Hamilton. Brochant sur le tout, la spirituelle Quinault, « forte en gueule, » en sa qualité d'ancienne soubrette de la Comédie française, lançait

---

(1) J'ai parlé au long, dans mes *Causeries d'un curieux*, des réunions de *ces Messieurs*, comme on les appelait.

quelque mot égrillard qui faisait rire et enrichissait le butin poissard. « Riez donc aujourd'hui ; riez : qui sait si le monde durera six semaines (1) ! » Beaucoup des gaietés de ces dîners sont imprimées dans les œuvres de Caylus, mais elles ne le sont pas dans les *Recueils de ces Messieurs et de ces Dames*, qui furent le produit assez mince et passablement libre de ces joyeuses assemblées (2). Le conte de Rousseau ne s'y trouve pas, non plus que les poésies légères que Voltaire y a récitées, non plus que les meilleures gaietés de Piron qui fut amusant à ravir, ni les meilleures saillies de Caylus. Il en est toujours ainsi de ces

(1) Il y avait deux sœurs Quinault, toutes deux attachées à la Comédie française. L'ainée, plus célèbre par sa beauté que par ses talents, Marie-Anne, restée au théâtre de 1714 à 1727, fille drue et précoce, commença, pupille encore, à spéculer sur le vif, et débuta, au prix de cinquante mille livres, sous les auspices du surintendant de la maison de la reine, impertinent magnifique, le comte de Combert, fils du fameux traitant Samuel Bernard. Combert fit une banqueroute éclatante ; et des bras de ce maître fripon, elle passa dans ceux du marquis de Nesle, puis dans ceux du duc de Chartres. Enfin, elle eut, dit-on, l'habileté de se faire épouser par le duc de Nevers, frère du duc de Nivernais. Elle eut aussi l'adresse de mourir sans infirmité, presque centenaire, en odeur de sainteté.

(2) Le *Recueil de ces Messieurs*, un volume in-12, Amsterdam, frères Westein (Paris, 1745), a été rédigé par Caylus, Maurepas, Duclos et autres.
Le *Recueil de ces Dames*, est de Chevrier. Il forme également un volume in-12, publié la même année. On le retrouve dans les œuvres badines de Caylus.

réunions. Les auteurs y ont-ils essayé quelques unes de leurs fantaisies les plus heureuses, ils les gardent pour leurs œuvres et ne laissent que le Caput mortuum aux historiographes de seconde main. D'ailleurs, on ne fait pas un livre avec ce feu roulant qui jaillit au hazard du choc des conversations. Ce sont des traits qui passent aussi vite qu'ils ont brillé et dont tout l'esprit s'évapore sous la plume.

CHAPITRE VII.

LE CAFÉ PROCOPE ET L'HISTOIRE DE FRANCE EN CHANSONS.

Combien d'épigrammes et de bons mots de tout genre, graveleux ou convenables, se débitaient aussi, dans un café, le fameux Café Procope (1), rue de l'Ancienne Comédie, et qui y existe encore au n° 13. Bien qu'un café soit fort en dehors des salons de la bonne compagnie, on ne peut s'abstenir de citer celui-ci, parce qu'il a joué son rôle au XVIII° siècle, et que le bel esprit y tint ses assises. C'était un centre littéraire et de causeries, le rendez-vous des écrivains, des critiques et des dilettantes, avant et après le spectacle, à la Comédie qui était en face. Les intrigues et les folies du

---

(1) Ce café avait été fondé par le père de Michel Coltelli, dit Procope-Couteau, médecin, de famille noble de Palerme, qui avait écrit des poésies fugitives et quelques pièces de théâtre, et mourut en 1753.

jour, ces riens qu'à peine nos feuilles publiques enregistrent dans leurs faits-Paris, et qui vont se perdre dans le mouvement général du moment ; les comédies et surtout les comédiennes, les coryphées de la danse, les courtisanes à la mode, les journaux passionnaient les causeries avec éclat. Il pleuvait des chansons et des soufflets rimés. On jetait à bon escient aux actrices régnantes des vers élogieux ou moqueurs et des couronnes, dont celles de nos jours connaissent le tarif. Les cailletages allaient leur train à ce guêpier de frélons à piqûres aigues : gens de lettres mécontents, pseudo-politiques à grandes vues, financiers sans argent, désœuvrés ou persifleurs de profession qui mettaient en pièces tout ce qui leur tombait sous la main, jetaient à plein gosier le quolibet et l'insulte et distribuaient le blâme et la gloire à coups de fouet. Il y avait là surtout le grand hâbleur licencieux, Rochette de la Morlière, successeur impudent et grotesque de ce comte de Fontenay qui, vers 1770, s'était établi, au parterre de la Comédie Française, le sage président d'un tribunal dramatique. De la Morlière, qui mourut en 1785, tenait également ses assises au café Procope et à la Comédie, où auteurs, comédiens, danseurs, débutants passaient sous sa coupelle. Rien, si ce n'est son immoralité, n'égalait son audace méchante. D'un signe il mettait en mouvement une escouade de séides ; applaudissements ou sifflets éclataient soudain ; et chose étrange, cet homme qui n'avait vécu que dans les antichambres, auteur tombé d'un roman graveleux et de poésies mort-nées, régnait en chef sauvage et gouvernait au parterre. Une singulière et interminable guerre de musique et ensuite une guerre de farines vinrent mettre le feu à la ville et envahirent le café. Il fallait bien enflammer quelque chose, en attendant mieux. L'activité des idées saisit un peuple quand il n'a pas la préoccupation des intérêts ; alors donc qu'on n'avait d'autre intérêt que le rien faire, on se dissipait en paroles, on pensait à travers l'orgie des mœurs ; tout en s'oubliant, on apprenait à vouloir. En discutant une mascarade, on rêvait philosophie et affranchissement. Les cabinets des gens de lettres, les boudoirs, les cafés, et surtout celui de Procope, les salons étaient devenus autant de foyers intarissables de mots, de nouvelles et de gazettes.

Jean-Jacques parle, dans ses *Confessions*, d'un M. de Jonville, honnête et galant homme, aimable même à certains égards, mais de peu d'esprit, qui avait eu la piquante idée de se faire une collection très complète de tous les vaudevilles de la cour et de Paris, depuis plus de cinquante ans, où l'on trouvait beaucoup d'anecdotes qu'on aurait inutilement cherchées ailleurs. « Voilà, ajoute Rousseau, des mémoires pour l'Histoire de France, dont on ne s'aviserait guère chez toute autre nation. » Rousseau croyait ce recueil unique, il se trompait. Point de cabinet de grand curieux qui n'eût alors son recueil de chansons et de vaudevilles imprimés ou manuscrits, collection fort à la mode à l'époque où l'on chantait. On conserve encore aujourd'hui un certain nombre d'archives du rire ; un mot pour rire est parfois une révélation, et sous le fredon se cache la vraie histoire. Le recueil de Maurepas est de beaucoup le plus complet. On possède un recueil imprimé en quatre volumes, publié au commencement du siècle présent, où l'on a imaginé de caractériser les évènements et les personnages du dernier siècle par les chansons dont ils ont été le sujet, idée essentiellement française qui ne pouvait venir qu'à une nation aussi gaie que la nôtre, et qui ne serait certainement pas éclose dans l'esprit des Romains, ni même dans celle des Grecs, tout légers qu'ils fussent. Tyrtée et Pindare n'étaient point des chansonniers ; les chansons d'Anacréon, d'Horace et de Catulle n'ont célébré que leurs amours et leurs plaisirs de table, et les guerres civiles et les proscriptions n'ont pas été pour les anciens des sujets de vaudevilles, comme chez nous les troubles de la Ligue et de la Fronde. « Laissez-les chanter pourvu qu'ils payent », disait Mazarin. Il n'y a qu'une époque où le fausset du rossignol national se soit tu, c'est la *Terreur*. Il est vrai, comme on a eu raison de le dire, ce n'était pas une époque humaine : ni les bourreaux ni les victimes n'étaient des hommes.

CHAPITRE VIII.

L'ANGLETERRE A-T-ELLE EU, COMME NOUS, DES SALONS DE CONVERSATIONS ?
LA DUCHESSE DE MAZARIN, — LA DUCHESSE DE QUEENSBERRY. — LADY MARY WORTLEY MONTAGUE.

Quand je visitai l'Angleterre, je voulus savoir si elle avait eu, comme la France, ses salons de causeries, et j'ai dû me convaincre de la négative. On aurait pu d'ailleurs le pressentir à voir quelques uns des illustres anglais qui, après avoir pratiqué depuis longtemps la langue française, n'avaient montré, chez nous, aucune disposition pour les causeries. Voltaire, qui avait passé trois mois avec Swift, lui trouvait une humeur morose et une plaisanterie trop sérieuse. Mais Arbuthnot et Gay lui avaient paru de la plus aimable compagnie. Il est un homme particulièrement qu'un long séjour à Lausanne avait presque rendu français pour le langage, et qui, de même que David

Hume, aurait pu prendre un rang distingué dans nos cercles, je veux parler de Gibbon. Mais retiré dans ses travaux historiques, avant tout homme de cabinet et d'une insigne gaucherie, cet homme si heureusement doué, bien qu'inférieur en esprit à Hume, et légèrement déclamateur, se prêta peu à paraître dans les salons d'éclatante conversation. Du moins il y brilla peu. Ce n'est pas qu'il ne pût être, quand il le voulait, un agréable causeur; il avait même conquis le difficile avantage de remplir ce mérite auprès de l'aveugle Madame Du Deffand; mais il lui fallait le tête-à-tête. Devenu, sans chaleur politique, sans patriotisme réel, membre du Parlement, il vota, ne parla jamais, et ne se montra guère dans les cercles anglais plus prodigue de sa personne. On n'aime guère à faire que ce qu'on fait bien. Hume et Adam Smith qui, par l'étendue de leurs connaissances, auraient pu prendre une place élevée dans les assemblées de Londres, s'étaient retirés de bonne heure en Ecosse. Il est douteux, dans tous les cas, que Gibbon et Hume avec leur liberté de penser, eussent rencontré de bien vives sympathies dans les salons où régnait le docteur Samuel Johnson, si peu tolérant en matière de scepticisme sur toute question religieuse. L'historien Robertson, Lord Kaimes, lord Monboddo, distingués par l'esprit, séjournaient à leurs résidences d'Edimbourg et ne paraissaient qu'à de rares intervalles dans la capitale des trois royaumes. Du reste, les calmes conversations n'étaient pas à Londres, comme chez nous, un talent général et un besoin, et sir Nathaniel Wraxall, qui, dans ses curieux Mémoires, fait un tableau des salons d'Angleterre, après avoir vu ceux de France, convient qu'il n'a rien trouvé à Londres qui pût être mis en parallèle avec les nôtres (1). Plus net encore, l'éditeur du beau recueil de la *Correspondance privée* de David Hume (2) avoue que les luttes entre les Tories et les Wighs absorbaient, alors exclusivement, les esprits, et que ce n'était pas dans les salons ni dans les boudoirs qu'il fallait aller chercher les anglais de bonne compagnie, mais parmi les bouteilles, à travers les cris des discussions politiques, dans les tavernes et les cafés (3). Les premiers rudiments des sociétés aca-

(1) *Sir Nathaniel Wraxall, Memoirs of my time*, 1845. Deux volumes in-8o.

(2) *Life and correspondance of David Hume,* by William Barton. Evq^r advocate. Edimbourg. W. Trait, 1846, second volume, p. 227, 228.

(3) It is not indeed, surprising that the temper tranquil like his (Hume's) should have preferred the witty conversation of accompli-

démiques de Londres ont été jadis dans une taverne, celle de la Rasade (*Rummer tavern*) prés Charing Cross, tenue par un oncle du célèbre poète diplomate, Matthieu Prior. C'est là que dans la seconde partie du xvii° siècle, s'assemblait le club des savants, entre le porter, le claret, et le half and half.

Un peu avant et après cette époque, alors que brillaient à Paris l'hôtel de Rambouillet, puis le cercle de Henriette de Coligny, comtesse de la Suze et les samedis de Mademoiselle de Scudéry, ce temps où les débris de ces sociétés allaient se fondre en une société mêlée à l'hôtel de Nevers, et où se formaient les entretiens de l'hôtel de Créquy, refuge et foyer de la grande littérature qui avaient fixé la langue et le goût, la Grande-Bretagne n'avait non plus offert rien de pareil. Ni les lettres ni les écrits d'Addison, de Pope, de Hume, d'Horace Walpole ne révèlent l'existence de cercles littéraires ni de causeries à Londres, dans le cours du xvii° siècle ni au commencement du xviii°. Le grave étourdi Charles II qui, dans

---

hed parisian ladies, in their elegant saloons to the boisterous political discussions of english gentlemen, over their bottles, at taverns or coffee houses, which. This time in were their places of fashionable resort. (*Introduction à la correspondance privée.*)

l'exil, avait voulu épouser une nièce de Mazarin, qui, sur le trône, avait associé dans sa familiarité à une grande dame Française, sa maîtresse, l'étrange ragoût d'une créature de coulisse, la plus franche dévergondée de son temps, ne songea point à des salons de conversation; sa cour était plus voluptueuse que délicate, plus licencieuse que galante. On croirait assister à une parodie du luxe de Versailles. Visitez les galeries du palais d'Hampton Court où une contrefaçon de Van Dyck, Van der Faes, autrement dit Sir Peter Lely, a vermillonné les beautés provocantes de ce temps, parmi les Temples, la Stewart et les Jennings, les Claveland et les Castlemaine, les Muskerry, les Denham, les Cheselden, les Chesterfield, les Robart et les Carnegy, n'y retrouverait-on pas des Fouilloux et des Manneville, des Lamotte d'Argencourt, des Lamotte-Houdancourt, des Brancas, des Laferté, des d'Olonne et autres saintes du calendrier de Bussy, des Montespan, des Monaco et des Fontanges ? Mais la cour de France était dépassée par celle d'Angleterre. Les Lavallière et les Noailles feraient défaut. La Nell Gwin de Charles II et le Jacob Hall de la

Castlemaine n'auraient pas non plus chez nous leurs pendants ou resteraient dans l'ombre.

Le salon le plus aimable, à la fois littéraire et de grand monde, à Londres, était celui d'une française, la duchesse de Mazarin, la célèbre Hortense Mancini, qui gouvernait par son regard, son esprit et sa grâce. Autour de la divinité se groupait, entre les lettrés d'Angleterre et les femmes qui pratiquaient la lecture, le grand prêtre du temple, l'épicurien modèle, l'ami et le correspondant de Ninon de Lanclos, Saint-Evremont, qui savait se consoler de son exil et de sa loupe à double étage. Il avait toujours beaucoup à dire avec le second des Buckingham, l'égal d'Alcibiade par le génie et par la beauté ; avec Jean Wilmot de Rochester, que les Muses aimaient à inspirer et qu'elles n'auraient pu avouer sans rougir (1); avec l'ancien page d'honneur de Charles Ier, Thomas Killegrew, libertin aimable et ingénieux qui n'avait jamais rien de mieux à faire que de prendre et de donner de l'amour; avec Gourville, l'un des hommes les plus aimables et les plus aimés de son temps, pendu en effigie et qui devait gouverner le monde, comme

---

(1) *Horace Walpole.*

dit Madame de Sévigné, mais qui ne parut qu'un instant à Londres, avec le petit abbé Hautefeuille; les deux Hamilton, et le chevalier de Gramont, le roi des enjôleurs, des gascons du grand air, et le malin bonhomme LaFontaine qui s'était laissé conduire en Angleterre, un jour qu'il rêvait à Jean Lapin ou qu'il prenait le plus long pour se rendre à l'Académie. Enfin, beaucoup des héros de l'amusante phalange des mémoires de Gramont, écrits par son beau-frère Hamilton, passèrent sous les regards de la duchesse jusqu'au laid Tambonneau, qui avait oublié son esprit en France, jusqu'au triste objet des élégies de la comtesse de la Suze, le marquis de Flamarens, qui, « par son air et par sa taille, briguait une adulation qu'on lui refusait net (1). »

Le duc et la duchesse de Queensberry, lady Wortley Montague, son amie lady Hardy, et quelques autres dames du grand monde et de haute culture, reçurent, il est vrai, des gens de lettres, sous la reine Anne, sous Georges Ier et Georges II; mais leurs cercles, restreints et non permanents, n'étaient point, comme chez nous, un rendez-vous général de la littérature. Sa Grâce, la belle, brillante

(1) Parole d'Hamilton, dans les *Mémoires du comte de Gramont*.

et fière duchesse de Queensberry, chantée par Prior sous le nom de Quitty (abréviation de Catherine), et fort admirée par Voltaire, accorda son patronage aux poètes, entre autres au fabuliste Gray, dont le caractère inoffensif et facile, la conversation fine et spirituelle intéressaient encore plus que ses vers. Quand, ruiné par de mauvaises spéculations, déçu dans ses ambitions légitimes, réduit aux seules chances de sa plume, après avoir essayé de la carrière des ambassades, sous le lord Clarendon, ministre en Hanovre, Gay tomba en complète disgrâce auprès de Georges Ier, à la suite de la représentation de son opéra des *Gueux*, ce furent le duc et la duchesse de Queensberry qui vinrent au secours du poète. Le roi, qui s'était naguères ouvertement déclaré son protecteur, n'avait offert au dénuement du poète que la ressource d'une place de gentilhomme de la princesse Louise, le duc et la duchesse l'avaient mis à l'abri des nécessités et des luttes de la vie en lui donnant un asile dans leur hôtel. Pareil, moins le génie, à La Fontaine, qui, pour expiation, avait offert, au lit de mort, à son confesseur une édition nouvelle de ses contes à vendre au profit des pauvres, il avait fait à ses patrons un naïf hommage de son opéra, dont les héros sont un vertueux voleur de grand chemin et une fille perdue méconnue. Il faut remonter aux audaces d'Aristophane pour trouver des analogies avec les licences que se permettaient quelques dramaturges anglais dans leur théâtre. L'hôtel de Queensberry n'avait vu dans la pièce de Gay qu'une comédie burlesque, un vaudeville sans conséquence, et la duchesse avait pris avec vivacité devant le Roi la défense de l'auteur. Georges lui fit intimer l'ordre de ne plus reparaître à la Cour. Conséquente avec elle-même, la fière duchesse repondit et fit mettre sous les yeux du Roi une note satyrique qui a été conservée et fit du bruit dans le monde politique et littéraire du temps. En résumé la duchesse de Queensberry causait en perfection et savait donner à la conversation un tour plein de vie et de grâce, et si un salon régulier de causerie eût pu s'établir en Angleterre, c'eût été chez elle. Mais on ne constitue pas à soi seul un salon. On dit qu'elle brilla dans son regain de beauté, témoin cette épigramme d'Horace Walpole, qui joue sur une ode de Prior :

A plus d'une Quitty l'amour prêta son char
pour un jour ;
Mais, toujours belle, la Quitty de Prior l'a
gardé pendant un siècle.

Entre toutes les femmes anglaises qui eussent pu ouvrir un salon de conversation, lady Mary Wortley Montague, dont nous parlions tout à l'heure, se serait présentée la première, si elle l'eût voulu et si la famille n'y eût pas mis obstacle. Elle avait reçu une brillante éducation et avait un goût très-vif pour la littérature. Née à Thoresby, dans le Nottingham, fille du duc de Kingston, mariée en 1712, à Edouard Montague, qui fut ambassadeur d'Angleterre à Constantinople, elle avait enrichi son esprit par de nombreux voyages, avait appris les langues orientales, avait parcouru la Tunisie, l'Italie et la France. Une femme si heureusement douée eût pu devenir le centre d'une réunion de brillants causeurs. Sa délicieuse résidence de Twickenham s'ouvrait aux personnages les plus distingués de son temps. Lord et Lady Harvey, Pope, Addison, Fielding, qui était son parent, Swift, Steele, Young et quelques autres entre les plus beaux génies, formèrent le fond de sa Société. Là se voyait la comtesse de Strafford, sœur de l'abbesse de Poussey, en Lorraine, fille de notre fameux comte de Gramont, et dont elle égalait la verve spirituelle. Mais très probablement le genre de réunions de causeries n'aurait pas toujours été dans le goût de Lady Montague, trop personnelle et impérieuse. Avec tout l'orgueil de la duchesse sa mère, avec une éducation trop virile, un esprit inquiet et mécontent, une âpreté sarcastique, une liberté de penser indomptable, elle avait tous les caprices et réunissait tous les contrastes.

Belle comme le beau jour, idolâtrée, elle s'idolâtrait elle-même devant son miroir, jusqu'à quarante ans. A la fois ennemie de son sexe, elle regrettait, dès l'âge de seize ans, de ne pas être née homme, et ne se consolait d'être femme que par la certitude de ne pas être obligée d'en épouser une. Dédaigneuse à outrance, elle rougissait de vieillir, et désormais ne se montra plus qu'en masque, quand les irréparables outrages du temps eurent attaqué son visage. Aujourd'hui, elle eût voulu s'élever à la hauteur de la conscience publique et prendre la direction du sentiment national, et tout à l'heure, anglaise pur sang, elle eût fait éclater son aversion pour les autres nations.

Elle écrivait que les françaises sont des créatures nauséabondes, « nauseous creatures », avec leurs toilettes, et cependant elle eût cru se manquer à elle-même, si elle n'eût fait venir de France jusqu'aux moindres affiquets. Il est vraiment à regretter qu'elle ait eu un pareil caractère, car elle avait en réalité des lumières. Sa mère ne voulait pas qu'elle laissât voir un caractère littéraire. Elle avait fait brûler plus de la moitié de la correspondance de sa fille, et l'on ne connaît ses mérites d'écrivain que par un petit volume de lettres avec quelques fragments de poésie. Tout cela aurait eu le sort du reste, et il n'eut demeuré que les vers satyriques de Pope, écrits après leur brouille, si un curieux ne se fût trouvé qui avait gardé copie de quelques écrits de l'ambassadrice. Après la mort de la duchesse, sa mère, sa famille a achevé l'œuvre de destruction, par les mains de lord Bute (1). Les plus jolies lettres qui sont restéees sont celles qu'elle avait écrites de Constantinople. Elle avait néanmoins assez d'esprit pour dominer le rogue et injuste orgueil des siens. Elle prétendait se montrer triomphante à la pos-

---

(1) *I. d'Israeli, curiosities of literature*, p. 9 et 338 de l'édition d'Edouard Moxon 1838.

térité avec le petit livre de ses lettres. «Celles de la marquise de Sévigné sont jolies, disait-elle à Algarotti ; mais encore quarante ans, et les miennes ne seront pas moins recherchées. » Certes, il n'y a nul rapprochement à faire, quant à la nature du talent, encore moins pour le caractère, entre elle et la marquise. Dans une éducation classique celle-ci n'avait puisé que le goût des bons modèles, elle avait gardé toutes les grâces négligées de son sexe et de son adorable nature. L'autre avait retenu de ses études beaucoup de savoir et beaucoup de pédantisme. Ce n'est plus une femme, elle disserte; Sévigné cause alors que l'anglaise a sur la bouche sécheresse et amertume; Notre-Dame de Livry tient constamment le sourire sur les lèvres de l'assemblée qui la lit ou l'écoute. Lady Montague était cependant un admirable esprit qui avait du style. Ce n'est pas sa faute si Lady Kingston et le reste de sa famille ont chassé loin d'elle les muses comme de petites bourgeoises.

Mais retournons en France en faisant quelques pas dans le XIXe siècle.

CHAPITRE IX.

MADAME NECKER.

Nous voici arrivé au dernier salon sérieux et important du dix-huitième siècle, celui de Madame Necker, une des femmes les plus distinguées, les plus morales, les plus respectables de ce temps troublé par les bouleversements de la libre pensée.

Elle était fille d'un ministre du saint évangile à Crassier, situé sur les dernières pentes du Jura, à la limite de la France et du pays de Vaud, le pasteur Curchod, et d'une dame Albert de Nasse, dont la famille Française s'était réfugiée de Montélimart à Lausanne, pour se soustraire aux persécutions que subissaient les protestants sous le règne de Louis XV. Depuis la publication du livre remarquable de l'arrière petit fils de Madame

Necker, M. le vicomte d'Haussonville, sur le *Salon de cette dame d'après des documents tirés des archives de Coppet,* dont il a usé très amplement, il n'est plus permis de parler de Suzanne Curchod, devenue Madame Necker, sans être pénétré de la lecture de ce livre. Je vais donc, pour décrire ce salon, le suivre, et je le copierai au besoin, en le citant bien entendu.

Le père de Suzanne Curchod, concentrant toute son affection sur sa fille, l'avait élevée comme il eût élevé un fils. En même temps que sa langue maternelle, il lui avait enseigné le latin, avec assez de fruit pour qu'elle pût entamer une correspondance latine avec un des amis de son père. Je ne serais pas étonné qu'elle n'ait aussi étudié un peu le grec. Au moyen de livres empruntés aux bibliothèques de Lausanne et de Genève, elle avait acquis la connaissance de la philosophie, celle des sciences naturelles et mathématiques, et s'était mise à même de converser avec distinction sur tous les sujets. Goûtant, en outre, les arts d'agrément, elle jouait du clavecin et du tympanon, essayait de jouer du violon et s'exerçait au dessin et à la peinture.

Douée de talents si multipliés et de la beauté

qui avait fait une merveille de sa mère, elle devait, dans la première fleur de son printemps, avoir du succès dans les sociétés. Aussi, quand elle y parut, fut-elle regardée comme un prodige. Les jeunes ministres de la religion de Lausanne et de Genève s'empressèrent à Crassier, sous le prétexte de suppléer son père à la chaire évangélique. Encore dans l'âge des illusions, elle se laissait prendre à ce zèle déguisé, et le vieux cheval Grison du presbytère était prêté aux officieux pour les reconduire ; parfois même, elle le leur envoyait pour les amener. Aussi, un Caton du crû écrivit-il brutalement à la jeune fille. « Vous avez beaucoup d'adorateurs qui, sous le prétexte de prêcher pour votre père, viennent vous en conter. La saine raison ne dit-elle pas que, dès qu'ils ont prêché, vous devriez les chasser à coup de balai, ou vous tenir cachée (1). »

La ville de Lausanne avait peu de relations avec les grandes villes de conversation et de plaisir, et, dans son cercle restreint, elle rappelait par quelques côtés, l'hôtel de Rambouillet.

M. d'Haussonville pense que c'est à peu près vers le temps où Zaïre et Adélaïde Duguesclin

(1) M. d'Haussonville, t. I, p. 18.

venaient d'être représentées sur le théâtre de Mouron, que Suzanne Curchod paraît avoir été amenée pour la première fois à Lausanne par ses parents, pour la faire assister à ces représentations. On peut se figurer l'impression que produisit dans le monde l'apparition d'une jeune fille aussi belle et aussi cultivée. Paraissait-elle dans les rues, on s'écriait : « Voilà la belle Curchod, » et la foule se pressait pour la voir. La jeunesse instruite de Lausanne avait formé une réunion intitulée la *Société du printemps* ; à la suggestion de Suzanne, elle fonda une société littéraire dont la jeune personne fut nommée présidente, sous le nom de *Thémire*, et les vers de ses courtisans l'appelaient alternativement de ce nom ou de celui de *Sapho* ; eux-mêmes s'appelaient de surnoms empruntés à des romans de chevalerie. La présidente adressait à l'Académie des essais divers de sa plume, et les académiciens devisaient galamment sur la carte de Tendre. Suzanne souffrait volontiers tous les hommages qui lui étaient adressés. Elle avouait elle-même que la louange qui partait des hommes était celle qui la touchait le plus. Elle se le reprochait plus tard, et dans une note laissée par elle, et où elle rappelait ses anciennes indulgences, elle écrivait : « Je n'avais guères alors le sentiment des convenances, car ma simplicité m'empêchait de les connaître et j'avais d'ailleurs la tête tournée par les éloges (1). » Il paraît que les mères étaient soigneusement écartées de ces réunions, et il ne s'y passait néanmoins rien que la décence ne pût avouer.

L'adorateur qui, parmi tout ce monde, produisit le plus d'effet sur le cœur de Mademoiselle Curchod, fut un anglais, Gibbon, depuis si célèbre, tombé amoureux d'elle à première vue. Il avait été envoyé à Lausanne par son père, à l'âge de seize ans, aux soins d'un sévère pasteur, pour le retremper dans les eaux de l'église protestante et lui faire abjurer les doctrines du papisme auxquelles il s'était laissé entraîner pendant son séjour à Oxford.

Gibbon avait donc fait une profonde impression sur la jeune fille par ses assiduités et par ses correspondances en prose et en vers français, d'ailleurs mauvais, et se conduisit par la suite d'une façon équivoque avec elle, quand son affection pour lui lui avait fait refuser des offres avantageuses, particulièrement celles de M. de Montplaisir,

---

(1) M. d'Haussonville, t. I, p. 10.

homme de qualité qui avait de la fortune. Il l'abandonna après quatre ans de bons rapports, et lui avoir demandé sa main. Elle en fut tellement navrée qu'elle avait chargé son ancien ami, le pasteur Moultou, si connu par ses amitiés avec Voltaire et Rousseau, d'essayer à ramener l'infidèle à de meilleurs sentiments, par l'entremise de Jean-Jacques. Gibbon n'était pas encore l'étrange personnage dont on a eu plus tard un portrait si grotesque, à tel point que l'aveugle Madame DuDeffand, en parcourant des mains sa figure, pour s'en rendre compte, n'en croyait pas le témoignage du toucher qui lui restait. Mais Rousseau n'eut point l'occasion de le voir et il écrivit à Moultou : « Vous me donnez pour Mademoiselle Curchod une commission dont je m'acquitterai mal, précisément à cause de mon estime pour elle. Le refroidissement de M. Gibbon me fait mal penser de lui. J'ai reçu son livre (*l'Essai sur l'étude de la littérature*), il y court après l'esprit : il s'y guinde. M. Gibbon n'est pas mon homme, je ne puis croire qu'il soit celui de Mademoiselle Curchod. Qui ne sent pas son prix n'est pas digne d'elle : mais qui l'a pu sentir et s'en détacher est un homme à mépriser(1). »

(1) M. d'Haussouville, t. I. p. 70.

M. d'Haussouville cite plusieurs lettres originales de Gibbon à Mademoiselle Curchod qui jettent du jour sur ces incidents. Il en cite une dernière fort éloquente de la jeune fille qui fait ressortir les torts de l'anglais. Celui-ci a arrangé l'histoire à sa manière dans ses Mémoires; mais les lettres lui donnent un démenti et le présentent sous un jour peu favorable. Il avait cruellement déchiré un cœur qui lui était dévoué.

Suzanne, après sa rupture définitive, revit plusieurs fois Gibbon à Lausanne. Elle le revit encore quand elle fut devenue la femme de Necker et nageait dans la prospérité, pendant le premier ministère de son mari; elle le revit aussi plusieurs fois à Coppet ainsi que dans un voyage qu'elle fit à Londres avec son mari. Quant à Gibbon, il n'avait considéré dans ce rapprochement qu'une occasion de s'introduire dans la grande société parisienne sous la protection d'un ministre. Pour Madame Necker, en une lettre à l'une de ses amies de classe, elle avouait que « jamais « sa vanité féminine n'avait eu un triomphe plus complet et plus honnête qu'en voyant celui qui l'avait dédaignée devenu auprès d'elle doux, souple, humble, décent jusqu'à la pudeur, témoin perpétuel de la tendresse de son mari et admirateur zélé de son opulence (1). »

En 1770, Suzanne Curchod avait perdu son père qui n'avait guères, pour soutenir sa famille, que les émoluments de son presbystère. La veuve cependant avait reçu une petite pension, qui, avec le produit de leçons que la fille s'était déterminée à donner, suffisait à peu près à leur étroit entretien. Après la mort de sa mère, la future épouse d'un contrôleur général eût été exposée aux rudes angoisses du besoin, si quelques amis ne fussent venus à son secours. La première personne à citer est la duchesse d'Enville, une La Rochefoucauld qui avait épousé son cousin, et qui est connue par la correspondance de Voltaire dont elle secondait les efforts pour la rentrée des protestants, et dont il vante, « la grande passion qu'elle a de faire le bien. » Elle était venue à Genève pour consulter Tronchin. Malgré la distance que pouvaient mettre entre deux femmes la naissance et la fortune, elle s'était, en femme de cœur, sentie touchée de la position d'une jeune personne si intéressante par sa situation comme par

(1) M. d'Haussonville, t. I. p. 77, 78.

son mérite. Elle avait songé à l'employer pour l'éducation de ses enfants. Mais elle avait commencé par user du crédit que lui donnait sa grande position sociale pour faire augmenter la pension de la veuve, et avait travaillé à faire restituer aux Curchod les biens confisqués au défunt à Montélimart. Suzanne eut aussi l'affection de la famille de Moultou et celle de la maison de Du Cayla, le négociant de Genève, dont son ami avait épousé une fille. L'infortunée était donc sauvée dans sa détresse, quand une Madame de Larrivée de Vermenoux qui de fortune était venue prendre un logement dans la maison de Moultou et par lui était entrée en relations avec Mademoiselle Curchod; cette dame avait goûté la conversation de la jeune personne et lui avait proposé de l'emmener avec elle à Paris. Sur le conseil de Moultou, l'orpheline avait accepté. C'était un moyen d'échapper tout à fait à cette humiliante obligation où elle s'était trouvée de se soumettre à une vie de cachets, en donnant des leçons dans des maisons où, naguères, elle était reçue sur un pied d'égalité, déclassement qui rend amer le labeur de chaque jour. Elle avait songé à passer en Angleterre, ou en Allemagne, pour y être employée comme institutrice ou demoiselle de compagnie, et elle s'était évertuée à recueillir des informations sur la situation d'une jeune fille en un tel état. Ce n'est pas qu'elle n'eût de fréquentes demandes en mariage, dans la suite, grâce à sa beauté ; mais ces alliances ne lui agréaient pas. Elle avait été demandée par un protestant de Nîmes, nommé Fornier, et par de jeunes pasteurs. Elle était surtout harcelée par un certain avocat d'Yverdun qu'elle avait un jour rencontré à Neufchâtel. Si elle ne trouvait rien de mieux, c'était sa dernière ressource, mais un autre sort lui était réservé.

Madame de Vermenoux, veuve à vingt-six ans, belle, aimable, spirituelle, riche, et qui était aussi une de ces françaises qu'avait attirées à Genève le renom du docteur Tronchin, avait une santé délicate qui l'avait induite à se fixer quelque temps dans cette ville.

Elle était liée avec l'abbé Raynal, avec Marmontel, l'abbé Morellet et quelques autres philosophes. Marmontel en fait, en ses *Mémoires,* un gracieux portrait (1) : « Elle était au premier abord, dit-il, l'image de Minerve, mais sur ce visage imposant, brillait bientôt cet air de bonté,

(1) Tome II, p. 148.

de douceur, cette gaieté naïve et décente qui embellit la raison et qui rend la sagesse aimable. » Nous verrons plus loin ce qu'elle est devenue.

A Genève, elle avait été recherchée par Jacques Necker, fils d'un ancien professeur de droit, et qui, employé d'abord dans les bureaux de son compatriote Vernet, avait fondé à Paris, en partie avec des fonds avancés par son ancien patron, une importante maison de banque, sous la raison Thélusson et Necker. M. d'Haussonville le peint comme « un homme un peu épais de sa personne, mais d'une physionomie agréable et fine ; avec de beaux yeux, donnant déjà, par la conversation, l'impression d'une certaine supériorité intellectuelle à ceux qui causaient avec lui, bien qu'il n'eût encore d'autre renom que celui d'un financier habile. » Ce portrait, qui est juste, est celui auquel il faut se tenir. Mais la baronne d'Oberkirch, qui se trouvait à la suite du fils de l'impératrice Catherine II, quand, sous le nom de comte du Nord, qu'il avait pris en France, ce prince le visita, en 1781, avec sa femme, dans sa retraite de Saint-Ouen, après son premier ministère et la publication du fameux *Compte-rendu*, la représente en caricature. « Je fus frappée, dit-elle en ses mémoires (1), de sa ressemblance inouïe avec Cagliostro, mais sans son étincelant regard, sans sa physionomie étourdissante. C'est un Cagliostro guindé, aux formes froides et désagréables, un vrai bourgeois de Genève. Il n'a rien d'aimable, malgré sa volonté de l'être. » Quand, après son second ministère, les partis s'acharnèrent contre lui, Sénac de Meilhan renchérit encore sur ce portrait par un langage atroce qui fait peu d'honneur à l'ancien ami de la marquise de Créquy (2).

Le comte du Nord s'entretint, pendant une heure, seul avec lui, et se montra, de même que sa femme, plein de bienveillance pour cette famille ; la comtesse particulièrement dit tant de choses bien senties sur la retraite du ministre et sur la manière dont elle était supportée, que Madame Necker s'évanouit, tant elle était émue (3). »

Mais n'anticipons pas sur le cours des temps.

---

(1) Tome 1ᵉʳ, p. 264.

(2) Sénac de Meilhan avait travaillé auprès de son amie pour l'en éloigner. Aussi quand Necker fut appelé au contrôle général, elle écrivit à Sénac : « Retirez-vous, polisson ! M. Necker s'avance. » Elle garda toujours de l'estime pour ce ministre.

(3) *Id. ibid.*, p. 266.

Revenons à Madame Anne-Germaine Larrivée de Vermenoux. Bien que touchée d'une recherche qui flattait sa vanité féminine, elle n'avait cependant pas voulu céder sur le champ, parce qu'elle aurait, suivant les mœurs du temps, perdu, par un mariage avec un financier, le rang aristocratique que lui avait valu sa première alliance, et auquel elle tenait par dessus tout. Elle avait remis sa réponse à l'époque de son retour à Paris. Une fois qu'elle y fut arrivée, M. Necker vint la visiter pour connaître son sort. Ce fut donc comme aspirant à la main de madame de Vermenoux que Suzanne Curchod le vit pour la première fois. Comment donc le mariage avec Necker put-il s'accomplir ? était-ce, comme le dit madame d'Oberkirch, que madame de Vermenoux, fatiguée de la recherche du banquier, ait imaginé, pour s'en débarrasser, de lui faire épouser sa demoiselle de compagnie !

« Ils s'ennuiront tant ensemble, aurait-elle dit, que cela leur fera une occupation. »

Ou bien est-ce qu'à la vue de la jeune fille, il s'était mentalement détaché de madame de Vermenoux et aurait pris sur le champ son parti ! C'est un de ces secrets du cœur trop obscurs pour qu'on puisse conclure, faute de preuves. Toujours est-il qu'après quelques visites, il avait donné à la jeune personne l'occasion de concevoir des espérances et qu'après un voyage de Genève, où il avait beaucoup causé d'elle avec Moultou, il demanda à Suzanne une entrevue particulière, en s'ouvrant sur le sujet dont il voulait lui parler, elle lui répondit :

« Il faut donc vous écrire ce que je n'aurais osé vous dire. Si votre bonheur dépend de mes sentiments, je crains bien que vous n'ayez été heureux avant de le désirer. Je resterai chez moi toute la soirée et je fermerai ma porte (1). »

La nouvelle que la belle Curchod allait épouser un riche banquier fut promptement répandue dans les pays qu'elle avait habités et combla de joie ceux qui l'apprenaient. L'avocat d'Yverdun se résigna douloureusement. Necker, répondant aux félicitations de Moultou sur son mariage, lui écrivit :

« Oui, monsieur, votre amie a bien voulu de moi, et je me crois heureux autant qu'on peut l'être. Je ne comprends pas que ce soit vous qu'on félicite, à moins que ce ne fût comme mon ami.

(1) M. d'Haussonville, t. 1, p. 106.

L'argent sera-t-il donc toujours la mesure de l'opinion ? Cela est pitoyable ; celui qui acquiert une femme vertueuse, aimable et sensible, ne fait il pas seul une bonne affaire, qu'il soit assis ou non sur des sacs d'argent ? Pauvres humains, quels juges vous êtes ! Mais je ne m'étonne de rien à cet égard; n'y a-t-il pas des insectes qui placeraient sur un tas de boue l'autel du bonheur(1) ? ».

Ils se marièrent donc, en prenant des ménagements pour l'amour-propre de madame de Vermenoux.

Suzanne quitta la rue Grange-Batelière, où demeurait sa protectrice, pour aller habiter la triste rue Michel-Lecomte où étaient établis les bureaux de son mari et où habitait encore alors d'Alembert, avec la pauvre vitrière qui l'avait recueilli. Fort empêchée d'abord pour l'administration d'une grande maison et d'une armée de domestiques, elle n'en songea pas moins tout d'abord à réaliser le rêve de toute sa vie, en fondant un cercle littéraire. La grande fortune de son mari lui en donnait la facilité. Quant à Necker, son peu de goût pour les philosophes et les al-

---

(1) M. d'Haussonville, t. 1, p. 108, 109.

lures des hommes de lettres cédait volontiers aux inclinations de sa femme.

A son arrivée à Paris, avec madame de Vermenoux, elle avait conçu d'abord de la défiance contre la société parisienne, dont le mouvement étourdissait son inexpérience des élégances de la grande ville ; la légèreté générale du langage ne lui faisait voir que des folies ennuyeuses ; en outre, les beaux esprits lui avaient paru fades et mauvais plaisants. Elle finit par se faire une plus juste idée de la Société française et trouver du sérieux sous l'apparente légèreté. Elle abdiqua la sévérité de ses premiers jugements trop précipités et reconnut avec bonne grâce le travers national auquel elle avait cédé. « C'est, disait-elle, la maladie de tous les Suisses, enchantés d'être dans une grande ville et d'en médire. Nous nous plaçons à une fenêtre d'un cinquième étage et, avec un crayon et du papier, nous faisons des notes numérotées sur les mœurs des passants qui traversent la rue (1). »

Le comte Fédor Golowkin a publié une lettre où la nouvelle parisienne, parlant de la ville qui est devenue sienne, porte un jugement sûr et

(1) M. d'Haussonville, t. 1. p. 115.

juste sur l'effet qu'elle produit et qui est celui de bien des étrangers.

En moins de trois ou quatre années, Madame Necker avait réussi à fonder un salon rival des plus accrédités qui avaient été prés de vingt-cinq ans à se former. La résidence de la rue Michel-Lecomte était devenue trop étroite pour ce cercle. Necker alors transporta ses pénates et ses bureaux dans la rue de Cléry, à l'hôtel de l'ancien ministre de la guerre Le Blanc, au coin de la rue du Petit-Carreau, hôtel qui avait une superbe apparence extérieure et dont l'intérieur, fort orné, répondait à la splendeur du dehors. C'est là qu'il fit son séjour jusqu'au moment où M. de Maurepas vint lui proposer le ministère et où il alla s'établir dans les bâtiments du contrôle général, après avoir rempli d'abord le poste de ministre de la République de Genève. Le cercle avait d'abord été purement littéraire, ce n'est que plus tard qu'il s'y mêla un élément politique. Madame Geoffrin avait ses réunions, le lundi et le mercredi, Helvétius avait les siennes le mardi, le baron d'Holbach avait adopté le dimanche. On conseilla à Madame Necker de choisir le vendredi. Elle se détermina, dans la suite, à créer des réunions plus intimes le mardi. Le vendredi, elle avait soin de faire servir quelque plat maigre, pour satisfaire aux rares convives qui tenaient à l'observation des prescriptions de l'Eglise.

C'était tantôt un dîner, tantôt un souper ; mais il paraît que le cordon bleu qui les préparait n'était pas à la hauteur de ceux des fermiers généraux, car il échappa au malin baron de Grimm, d'écrire un jour, dans ses *Annonces et bans de l'Eglise philosophique*: « Sœur Necker fait savoir qu'elle donnera à dîner tous les vendredis : l'Eglise s'y rendra, par ce qu'elle fait cas de sa personne et de celle de son époux : elle voudrait bien pouvoir en dire autant de son cuisinier. » Voilà un mot digne d'un autre maître gourmand, l'un des habitués de la maison, Marmontel, le frère servant des soupers de la Poupelinière.

Necker ne se borna pas à ouvrir ses salons à Paris, il accueillit également son monde au petit château de Madrid qu'il avait loué, au bout du bois de Boulogne ; puis, il acheta le château de Saint-Ouen, situé entre Paris et Saint-Denis, sur les bords de la Seine, et voisin de celui d'où le roi Louis XVIII data sa fameuse déclaration aux Français.

Quels étaient, à ces diverses résidences, les personnages conviés, auxquels on faisait généralement la graciéuseté de les faire prendre en voiture, comme jadis aux suppléants du pasteur Curchod on envoyait le cheval du presbytère de Crassier? C'était d'abord l'honnête, le sage, le stoïcien Thomas, trop vanté de son temps, trop oublié du nôtre, car il avait un certain talent grave, solide, imposant, s'il lui manquait cette onction, cette effusion touchante qui font le charme de Fénelon et de Massillon, dans la prose; de Virgile et de Racine, dans la poésie. C'étaient Marmontel, Suard et sa femme, d'Alembert, le baron Grimm, les abbés Raynal et Morellet, Saint-Lambert, Diderot, d'Holbach même, dont le second de ces abbés raconte en ses Mémoires, qu'on disait chez lui « des choses à faire tomber le tonnerre sur la maison, s'il tombait pour cela. » C'étaient Bernard, Dorat, Bernardin de Saint-Pierre débutant, Madame Geoffrin, la marquise de Laferté-Imbault, sa fille; la comtesse d'Houdetot, la maréchale de Luxembourg, la duchesse de Lausun-Biron, sa nièce; la marquise de Créquy qui, trouvant que des dîners servis à quatre heures l'étaient trop tard, avait juré qu'on ne l'y reprendrait plus. Le comte de Buffon occupait dans ce salon la place qu'avait occupée Fontenelle dans celui de la marquise de Lambert. Bientôt les diplomates et tous les étrangers de distinction qui avaient fait l'ornement du salon de Madame Geoffrin, se pressèrent chez Madame Necker. C'était le comte de Caraccioli, si spirituel, qui ne quitta Paris que pour aller occuper le poste de vice-roi de Sicile et qui de là pressait les Necker de venir dans son gouvernement. C'était encore le charmant comte de Creutz, si fort goûté comme poète dans son pays de Suède; mais ce n'était plus le comte d'Albemarle, d'une si exquise sensibilité, l'ami passionné de Mademoiselle Gaucher, une perle par la beauté et l'esprit, dont Marmontel a laissé un si aimable portrait. C'est elle à qui le comte, la voyant regarder fixement une étoile, avait dit : « Ne la regardez pas tant, ma chère, je ne pourrais pas vous la donner. » Ce lord avait été ambassadeur extraordinaire et plénipotentiaire de la Grande-Bretagne, à Paris, de 1750 à 1761, époque de sa mort. C'était alors le vicomte de Stormont qui résida en France, avec le même qualité, de 1772 à 1776, et qu'on appelait dans la société le *bel anglais*. Lorsqu'éclata la guerre entre la

France et l'Angleterre, à cause de l'Amérique, il quitta Paris, le 21 mars 1778, pour repasser en Angleterre et y occuper le poste de secrétaire d'Etat pour l'intérieur. On vit, à cette époque, le baron de Gleichen et aussi le merveilleux abbé Galiani, si heureux de se trouver dans notre capitale qu'il appelait le Café de l'Europe, et dont il devait faire le charme, ayant, suivant le mot de Madame de Choiseul, en sa qualité d'italien, de l'esprit, non en petite monnaie, mais en lingot. Pour figurer dans cette societé de conteurs, il se réforma et parut avec mesure. Il s'amenda, avait rectifié l'alignement de sa perruque, et ne grimpa plus sur les fauteuils. « Dans le piquant combat, dit Galiani, de la pudeur de la dame qui lutte avec sa politesse et la correction presque puritaine de ses mœurs et de son maintien, contre la profonde, mais élégante corruption qui l'entoure, » il se pose et admire.

Marmontel raconte lui-même, en ses mémoires, comment il fit la connaissance de Madame Necker : « Nous avions, dit-il, Saint-Lambert et moi été des sociétés du baron d'Holbach, d'Helvétius, de Madame Geoffrin ; nous fûmes aussi constamment de celle de Madame Necker ; mais dans celle-ci je datais de plus loin que lui, j'en étais presque le doyen.

« C'est dans un bal bourgeois, circonstance assez singulière, que j'avais fait connaissance avec Madame Necker, jeune alors, assez belle et d'une fraicheur éclatante, dansant mal, mais de tout son cœur.

« A peine m'eut-elle entendu nommer qu'elle vint à moi, avec l'air naïf de la joie. En arrivant à Paris, me dit-elle, l'un de mes désirs a été de connaître l'auteur des *Contes moraux*. Je ne croyais pas faire à un bal une si heureuse rencontre. J'espère que ce ne sera pas une aventure passagère. — Necker, dit-elle à son mari, en l'appelant, venez vous joindre à moi pour engager M. Marmontel, l'auteur des *Contes moraux*, à nous faire l'honneur de nous venir voir. M. Necker fut très civil dans son invitation ; je m'y rendis. Thomas était le seul homme de lettres qu'ils eussent connu avant moi ; mais bientôt, dans le bel hôtel où ils allèrent s'établir, Madame Necker, sur le modèle de la société de Madame Geoffrin, choisit et composa la sienne (1). »

(1) Mémoires de Marmontel, t. 2, p. 126.

Poursuivant, il caractérise la manière dont elle tenait son salon.

« Etrangère aux mœurs de Paris, Madame Necker n'avait aucun des agréments d'une jeune Françoise. Dans ses manières, dans son langage, ce n'était ni l'air ni le ton d'une femme élevée à l'école des arts, formée à l'école du monde. Sans goût dans sa parure, sans aisance dans son maintien, sans attrait dans sa politesse, son esprit, comme sa contenance, était trop ajusté pour avoir de la grâce.

« Mais un charme plus digne d'elle était celui de la décence, de la candeur, de la bonté. Une éducation vertueuse et des études solitaires lui avaient donné tout ce que la culture peut ajouter dans l'âme à un excellent naturel. Le sentiment en elle était parfait ; mais dans sa tête, la pensée était souvent confuse et vague : au lieu d'éclaircir ses idées, la méditation les troublait ; en les exagérant, elle croyait les agrandir ; pour les étendre, elle s'exagérait dans des abstractions ou des hyperboles. Elle semblait ne voir certains objets qu'à travers un brouillard qui les grossissait à ses yeux, et alors son expression s'enflait tellement que l'emphase en eût été visible, si l'on n'avait pas su qu'elle était ingénue.

« Le goût était moins en elle un sentiment qu'un résultat d'opinions recueillies et transcrites sur ses tablettes. Sans qu'elle eût cité ses exemples il eut été facile de dire d'après qui et sur quoi son jugement s'était formé. Dans l'art d'écrire, elle n'estimait que l'élévation, la majesté, la pompe. Les gradations, les nuances, les variétés de couleur et de ton la touchaient faiblement. Elle avait entendu louer la naïveté de LaFontaine, le naturel de Sévigné, elle en parlait par ouï-dire; mais elle y était peu sensible. Les grâces de la négligence, la facilité, l'abandon lui étaient inconnus. Dans la conversation même, la familiarité lui déplaisait. Je m'amusais souvent à voir jusqu'où elle portait cette délicatesse. Un jour, je lui citais quelques expressions familières, que je croyais, disais-je, pouvoir être reçues dans le style élevé... elle les rejeta comme indignes du style noble. Racine, lui dis-je, a été moins difficile que vous; il les a employées, et je lui en fis voir des exemples. Mais son opinion, une fois établie, était invariable, et l'autorité de Thomas ou celle de Buffon était pour elle un article de foi.

« On eût dit qu'elle réservait la rectitude et la justesse pour la règle de ses devoirs. Là tout était précis et sévèrement compassé. Les amusements qu'elle semblait vouloir se procurer avaient leur raison, leur méthode.

« On la voyait tout occupée à se rendre agréable à la société, à bien recevoir ceux qu'elle y avait admis, attentive à dire à chacun ce qui pouvait lui plaire davantage ; mais tout cela était prémédité ; rien ne coulait de source, rien ne faisait illusion.

« Ce n'était point pour nous, ce n'était point pour elle qu'elle se donnait tant de soins, c'était pour son mari. Nous le faire connaître, lui concilier nos esprits, faire parler de lui avec éloges dans le monde et commencer sa renommée, tel fut le principal objet de la fondation de sa société littéraire. Mais il fallait encore que son salon, que son dîner, fussent pour son mari un délassement, un spectacle ; car, en effet, il n'était là qu'un spectateur silencieux et froid. Hormis quelques mots fins qu'il plaçait çà et là, personnage muet, il laissait à sa femme le soin de soutenir la conversation. Elle y faisait bien son possible, mais son esprit n'avait rien d'avenant à des propos de table, jamais une saillie, jamais un mot piquant, jamais un trait qui pût réveiller les esprits (1). »

La baronne d'Oberkirch parle encore avec plus de rudesse de madame Necker qu'elle ne l'a fait de son mari. Je ne saurais omettre ce jugement, pour compléter sur notre héroïne les témoignages du temps : « En dépit des grandes positions qu'elle avait occupées, dit-elle de madame Necker, c'est une institutrice et rien de plus. Elle est pédante et prétentieuse au delà de tout. Fille d'un ministre de village, du nom de Churchod (sic), elle a reçu une excellente éducation, dont elle profite par le travers. Elle est belle et n'est point agréable ; son corps, son esprit, son cœur manquent de grâce. Dieu, avant de la créer, la trempa en dedans et en dehors dans un baquet d'empois. Elle n'aura jamais l'art de plaire. Pour tout dire en un mot, elle ne sait ni pleurer ni sourire. Son père était pauvre ; elle se mit à tenir une pension de jeunes filles à Genève. Elle fut amenée à Paris par madame de Vermenoux, dont la beauté et la galanterie sont connues. Cette madame de Vermenoux était liée avec l'abbé Raynal, avec M. de Marmontel, avec d'autres philosophes, enfin avec

(1) Mémoires de Marmontel, t. 2, p. 126, 127, 128.

M. Necker. Celui-ci l'ennuya bientôt, je le conçois du reste, il m'eût ennuyée bien autant. Pour s'en débarrasser, elle imagina de lui faire épouser mademoiselle Churchod. »

Et là madame d'Oberkirch rapporte le propos de madame de Vermenoux, déjà cité p. 162.

» Ils ne s'ennuyèrent point, ajoute-t-elle, mais ils ennuyèrent les autres et se mirent à s'adorer, à se complimenter, à s'encenser sans cesse. Ils s'établirent en thuriféraires l'un de l'autre, surtout madame Necker devant son mari (1). »

La baronne parle ensuite de la fille de madame Necker, qui devint l'illustre madame de Staël ; mais avec plus de ménagement : « Mademoiselle Necker me paraît une toute autre personne que ses parents, bien qu'elle ait aussi un petit coin de Genêvois et son grand coin de thuriféraire. Ses yeux sont admirables ; à cela près, elle est laide, elle a une belle taille, une belle peau et quelque chose de parfaitement intelligent dans le regard : c'est une flamme ; je portai d'elle un jugement qui s'est bien réalisé depuis ; c'est et ce sera une femme remarquable (2). »

(1) Mémoires de madame d'Oberkirch, t. Ier, p. 265.
(2) Idem, ibid., p. 366.

La maison de madame Necker était en définitive devenue le rendez-vous des encyclopédistes, des libres penseurs, comme l'avait été celle de madame Geoffrin. Etrangère, jeune, livrée à ses seules forces, n'ayant eu pour la diriger aucune supériorité sociale, elle s'était vue forcée de prendre ce qui était disponible, pour satisfaire à ses goûts littéraires. Les sociétés anti encyclopédiques, fidèles aux mœurs domestiques et religieuses, n'avaient pas porte ouverte aux mœurs à la mode : n'avait pas qui voulait les de Poix, les Beauvau. Ces maisons vivaient entre elles, se répandaient peu. Mais en dehors de la maison Necker, les libres penseurs s'étaient-ils montrés fidèles comme le furent la plupart des habitués de Madame Geoffrin ? Marmontel, le plus assidu des commensaux de la maison Necker, n'eut-il rien à se reprocher ? Il dit bien, dans ses mémoires, qu'il avait pour la femme la plus entière vénération, n'ayant jamais vu en elle que bonté, sagesse et vertu. Il venait de se marier, et, passant, un jour, en voiture devant l'avenue de Saint-Ouen, il se mit à soupirer profondément et dit à sa compagne : « Voilà, ma chère enfant, la retraite de l'amitié, de la sagesse et de la vertu. C'est là que les plaisirs de l'esprit et de l'âme sont purs comme on dit qu'ils sont dans le Ciel. » Et tout de suite la femme devina que c'était la maison des Necker. Mais Madame Marmontel avait en aversion la personne de M. Necker, dans la persuasion où elle était qu'il avait été cause de la disgrâce de M. Turgot, le protecteur de sa famille. Et Marmontel lui-même, après toutes ses belles paroles, disait encore, dans ses Mémoires que « le mari ne lui avait jamais donné lieu de croire qu'il fût son ami. » Et cependant il n'avait cessé de réclamer du ministre des services, il l'en avait même remercié en termes ardents, dans des lettres qui se sont retrouvées à Coppet. La reconnaissance durable est une rareté. Croyait-il que M. Necker fût en reste à son égard, parce qu'il s'était constitué le poète de sa maison et qu'il avait semé sans cesse des madrigaux aux pieds de sa femme ? La famille nécessiteuse de l'abbé Morellet avait épuisé la bienveillance du contrôleur général. Et néanmoins quand le ministre attaqua les privilèges de la Compagnie des Indes, l'abbé se dressa contre lui et lança un écrit à son adresse. Necker se vit forcé de relever vertement ses imputations dans un mémoire en réplique. Nouvelle brouille quand vint à éclater entre Necker et Turgot la question du commerce des grains ; l'abbé, encore tout meurtri des coups d'étrivière qu'il avait reçus de son antagoniste, n'avait cessé une seule fois de venir s'asseoir aux dîners du vendredi, comme si aucun nuage ne se fût élevé entre lui et son hôte.

Quoi qu'il en soit, les torts extérieurs dont Madame d'Oberkirch avait affublé Madame Necker n'ont infirmé en rien les qualités de décence et de vertueuse tenue que lui reconnait Marmontel, et que tous les contemporains ont confirmées. Elle sut constamment maintenir sa dignité au milieu des incrédules qui l'entouraient. Madame Geoffrin, qui savait si bien saisir les nuances des caractères, Madame Du Deffand, si sévère dans ses jugements, donnent une autre idée de Madame Necker. Madame Geoffrin se trouvait embaumée en lisant un billet de Madame Necker qui sentait le sentiment. « Je ne croyais pas, écrivait Madame Du Deffand, à la duchesse de Choiseul, que je connaîtrais jamais Mesdames Necker et de Marchais. Je les vois souvent, et je m'en trouve bien. Ces femmes sont aimables et ne sont point sottes. Elles sont plus faites pour la société que la plupart des dames du grand monde. Je préfère ce qui écarte l'ennui à ce qui est du bel air (1). » Plus tard elle dit encore : « Madame de Marchais est charmante, c'est l'éloquence et l'attention même (2). » La jeune et belle duchesse de Lausun-Biron, cet ange de vertu et de grâce, adorait Madame Necker et en était adorée. Tous ces témoignages contre-balancent les rudes paroles de Madame d'Oberkirch. On connaît la correspondance de Voltaire avec Madame Necker, et ce n'est pas le langage de la dame dénigrante. Madame de Vermenoux, qui conserva d'aimables rapports avec son ancienne protégée et qui tint sur les fonts baptismaux la future Madame de Staël, sa fille, fournit encore par là un nouveau témoignage en faveur de Madame Necker.

Qu'était-elle devenue, cette pauvre dame Vermenoux ? Perdue dans Paris où elle n'avait pas de parents et n'avait que de rares relations, elle n'y faisait, depuis le mariage du banquier, qu'une assez piètre figure, et plus d'une fois elle eut l'occasion de regretter le sort qu'elle avait dédaigné. Elle ne voyait guère avec Madame Necker que Marmon-

---

(1) Lettres de Madame Du Deffand, publiées par M. Sainte-Aulaire, t. III, p. 104. La lettre est du 10 avril 1774.
(2) Lettres de Madame Du Deffand à Walpole, publiées par M. de Lescure, t. 2, p. 306.

tel et sa femme. Elle avait acquis à Sèvres une petite maison de campagne où elle se livrait avec ce ménage aux douceurs de l'intimité et s'épanouissait dans de petits soupers que l'écrivain et sa compagne allaient faire à Paris avec elle. Sur le conseil de Moultou, elle avait confié l'éducation de son fils à ce Meister de Zurich, qui écrivit pour le baron de Grimm une partie de sa fameuse correspondance. Son commensal habituel, il devint plus qu'un ami pour la dame. Celle-ci, morte encore jeune, avait légué son cœur à Meister, après lui avoir fait jurer qu'il le ferait déposer dans sa propre tombe ; Meister, qui vécut quatre-vingts ans et avait épousé une de ses amies d'enfance, sa compatriote, avait bien mis dans son testament qu'on exécutât les volontés de Madame de Vermenoux, mais il avait quelque peu négligé la boîte de fer blanc qui contenait le faible cœur. On se souvient de ce passage du *Voyage autour de ma chambre* où de Maistre retrouve dans un tiroir une lettre d'amour arrosée de ses larmes et ne s'en rappelait plus l'auteur, malgré tous ses efforts de mémoire ; les exécuteurs testamentaires voulurent retrouver la boîte ; elle fut à grand'peine découverte dans un grenier à travers des débris de vieux meubles. La malheureuse femme avait affecté toute sa vie de répéter que c'était elle qui avait fait le mariage de Madame Necker, quand le mari persistait à soutenir le contraire.

Au milieu des diverses satisfactions dont elle était entourée, notre ancienne présidente d'académie recevait des reproches de ses amis de Suisse, qui s'effrayaient de la voir s'associer à des philosophes hostiles à la religion et redoutaient que sa foi en fût diminuée. C'était Moultou qui s'était fait leur organe. Mais Madame Necker s'empressa de le rassurer par cette protestation chaleureuse : « Mon cher ami (1),

« Pouvez-vous me soupçonner un instant? j'ai reçu mes sentiments avec l'existence, et vous voudriez que je les abandonnasse dans le temps où mon bonheur en est le fruit? vous pouvez me taxer d'enthousiasme ; mais est-ce vous qui pouvez vous plaindre de ce que j'adore tout ce qui est bien ? Je vois quelques gens de lettres ; mais comme je me suis hâtée de leur montrer mes principes on ne touche jamais à cet article chez moi. A mon âge, avec une maison agréable, rien n'est si aisé

(1) M. d'Haussonville, t. Ier, p. 264.

que de donner le ton... Je vis, il est vrai, au milieu d'un grand nombre d'athées; mais leurs arguments n'ont jamais même effleuré mon esprit, et s'ils ont été jusqu'à mon cœur, ce n'a été que pour le faire frémir d'horreur. »

Une autre fois à de pareils reproches elle répondait : « J'ai des amis athées, pourquoi non ? Ce sont des amis malheureux (1). »

Parfois même elle entamait de front avec eux une discussion théologique, et elle disait ne pas manquer de raisonnements et d'aplomb pour répondre. Grimm vint un jour implorer à genoux son pardon pour avoir soulevé une discussion religieuse au moment de se mettre à table, et de lui avoir, à cette occasion, arraché des larmes. Ce même Grimm avait remis à Madame Necker les *Salons de Diderot*. Celui-ci lui fit de vives excuses sur les libertés de langage dont ces *Salons* sont semés et il était honteux des inconvenances qui l'y avaient dû blesser. La réputation littéraire de Diderot avait inspiré à Madame Necker l'idée de l'attirer chez elle. Elle avait agi avec une sorte de passion, faisant abstraction des œuvres licencieuses de cet ancien amant de Madame de Puy-

(1) M. d'Haussonville, t. Ier, p. 165.

sieulx, aujourd'hui l'amant de Mademoiselle Volland. Se méprenant sur la pensée de Madame Necker, il avait eu l'impertinence d'écrire à cette confidente la lettre suivante qui se trouve dans ses œuvres complètes publiées par MM. Assézat et Tourneux.

« Savez-vous qu'il ne tiendrait qu'à moi d'être vain ? Il y a ici une madame Necker, jolie femme et bel esprit, qui raffole de moi. C'est une persécution pour m'avoir chez elle... C'est une genêvoise sans fortune à laquelle le banquier Necker vient de faire un bel état. On disait : « Croyez-vous qu'une femme qui doit tout à son mari osât lui manquer ? » On répondit : « Rien de plus ingrat en ce monde. » Le polisson qui fit cette réponse, c'est moi. Il s'agissait d'une femme. Quand il s'agira d'un homme, laissez ma phrase telle qu'elle est, finissez seulement par l'autre monosyllabe, si vous le savez. En effet, il y a beaucoup des uns et des autres qui n'ont que la mémoire du service présent (1). »

Le malheureux avait pris pour une formelle déclaration d'amour ce qui n'était qu'un hom-

---

(1) Cette lettre, qui est du 28 avril 1765, se trouve, avec cette finale si obscure dans l'expression, t. XIX, p. 170.

mage rendu à l'écrivain. Il ne tarda pas, il faut se hâter de le dire, à revenir sur son étrange méprise, et il proclamait Madame Necker « une femme qui possède tout ce que la pureté d'une âme angélique ajoute à la finesse du goût. » Il devint donc un des habitués de la maison et sut toujours respecter chez cette dame ce qui était à respecter.

Moultou ne fut pas le seul qui lui reprochât le sociétés qu'elle recherchait. La marquise de la Ferté-Imbault, la fille de Madame Geoffrin et qui se posait en ennemie jurée des philosophes, se piquant, un jour, de franchise vis-à-vis de Madame Necker, la reprimanda sur le danger de ses sociétés et sur sa fureur à courir après l'esprit à la mode. Elle la blâmait de recevoir Madame de Luxembourg, Madame Du Deffand, Madame de Boufflers-Rouvrel et Madame de Marchais, dont les deux premières, disait-elle, étaient, depuis trente ans, l'horreur des honnêtes gens. Elle critiquait aussi sa relation avec l'abbé Morellet qu'elle traitait de *vilain*. Mais, ajoutait-elle, comme elle avait reconnu en elle une bonne et sage conduite dans un pareil milieu et qu'elle ne s'était pas attiré la moindre condamnation du public, ces considérations avait effacé les mauvaises impressions que lui avaient suggérées son trop d'amour pour l'esprit dépouillé de raison et de vertu. Ces paroles de Madame de La Ferté étaient exagérées, attendu qu'on ne peut dire que Mesdames de Luxembourg et Du Deffand fussent l'horreur des honnêtes gens, quel qu'ait été le début de leur vie dans le monde. Leur passé avait été racheté par une conduite régulière et le bon usage de grandes qualités. Les liaisons de Mesdames de Boufflers et de Marchais ne causaient non plus aucun scandale. Leur durée avait acquis quelque chose de respectable, à cette époque de mœurs faciles et de morale demi bourgeoise. C'étaient comme des mariages anticipés. L'*Idole du Temple*, dans son for intérieur, se regardait comme en possession de la survivance de la princesse de Conti.

Il en était de même à l'égard de Madame de Marchais. M. d'Angiviller, dont la tenue discrète sauvait les apparences, vivait dans l'intimité de son amie sans altérer ses bons rapports avec le mari, à ce point que Madame Necker, dans sa naïveté, n'y avait vu qu'une union purement platonique. La demi morale était dans les mœurs générales. C'est ce qui explique que Madame

Necker ait pu, sans se faire tort, elle si rigide et austère pour elle-même et si indulgente pour les autres, s'entourer d'obstinés libres penseurs et pratiquer des relations qui, en définitive, lui étaient communes avec toute la société. Le fermier général et académicien Watelet et Madame Lecomte, qui avait quitté son mari, étaient reçus partout ensemble, et il ne s'est trouvé que Madame de Genlis, dont on connaît les mœurs, qui se soit étonnée (1) d'avoir rencontré ce ménage irrégulier chez Madame Necker.

Quant à cette marquise de La Ferté-Imbault, qui avait si bien morigéné Madame Necker, c'était une femme rude, impérieuse, inconsidérée dans ses propos. Son mépris pour la société de son temps était un travers, et elle avait cru se poser en réparatrice des mœurs en fondant une association bizarre qu'elle avait intitulée l'*Ordre des Camarades tampons* et des *Chevaliers lanturelus*, dont la règle était de simuler la folie en conversation et de dire des bêtises, mais des bêtises spirituelles ; ce qui faisait répéter à Madame Geoffrin son mot de regret : « Quand je considère

(1) Voir ses Mémoires.

ma fille, je suis comme une poule qui a couvé un œuf de cane. »

Madame Necker, qni ne voyait et ne voulait voir en tous ses habitués que leur côté littéraire, ne se méprenait pas d'aillenrs sur leurs sentiments. En écrivant un jour à Moultou, après lui avoir recommandé l'abbé Morellet, elle lui disait:

« L'abbé Morellet vous aura remis une lettre de ma part. C'est un bel esprit de Paris, qui n'est pas même capable de sentir tout le vôtre. En revanche, il a des connaissances, des talents, de la philosophie et de la méthode ; d'ailleurs, c'est un ours mal léché qui ne se doute pas qu'il y ait un usage du monde et que cet univers soit composé de grands et de petits, d'hommes et de femmes. Il a de la candeur, de la probité, mille qualités honnêtes et assez de religion pour soupçonner qu'il pût y avoir un Dieu, et pour l'avouer quelquefois à ses amis, lorsqu'il les connaît discrets et d'un commerce sûr. Je l'aime cependant, et je crois que Dieu lui pardonnera son incrédulité qui ne part pas du cœur (1). »

Madame Necker avait eu, de son propre aveu, une affection passionnée pour Madame de Mar-

(1) M. d'Haussonville, t. I, p. 179, 140.

chais. Elle l'avait beaucoup pratiquée au commencement de son mariage. Malheureusement, cette belle union finit par se briser tout à coup pour une cause futile mise en avant par Madame de Marchais. Madame Necker en conçut une vive affliction.

Pour Madame Du Deffand, son irréconciliable ennemi, l'ennui devait amoindrir promptement son premier enthousiasme pour la société du financier de Saint-Ouen. Elle l'estimait comme ministre. Dans une lettre du 19 novembre 1777, elle écrit à Walpole : « Le Necker me paraît plus ferme que jamais. Mon avis est qu'on ne peut employer un homme plus capable, plus ferme, plus éclairé, plus désintéressé. Ce ne sont point mes liaisons avec lui qui me font porter ce jugement; je n'en attends rien, je le vois une fois la semaine, il n'a nulle préférence pour moi, il sait que je l'aime, et comme je ne lui demande rien, il me voit de bon œil, et voilà tout (1). » Quand elle se désaffectionna, elle s'en prit d'abord à elle-même : « Je fis l'autre jour, écrit-elle à l'abbé Barthélemy, un souper chez les Necker, je me trouvais comme Lacouture, je n'en-

---

(1) Lettres de Madame Du Deffand, publiées par M. De Lescure, chez Plon, t. II, p. 626.

tendais pas le raisonné, et le braillé m'était insupportable.» Et dans une autre lettre : « Je fis, l'autre jour, un souper chez les Necker, où je vous aurais fait honte et pitié. Je fus absolument stupide. Il n'y eut point du tout de la faute de M. Necker. Il n'est point bel esprit ni métaphysicien. Il y fut presque aussi bête que moi. (1)» Puis, peu à peu, on la voit se désenchanter, comme elle se désenchantait de tous ses amis, et c'est la femme qu'elle abandonna la première en même temps que Madame de Marchais. « La façon des Necker ne me surprend point, écrit-elle à Walpole, ils ne savaient pas pourquoi ils faisaient ce voyage ; leur séjour sera court ; je vous suis très obligée de vos attentions pour eux, ce sont d'honnêtes gens ; le mari a beaucoup d'esprit et de vérité ; la femme est roide et froide, pleine d'amour propre, mais honnête personne, j'ai plus de goût pour eux que pour la Pomone (2), dont l'esprit et le caractère me paraissent un fantôme, mais qui n'est point effrayant, qui n'a que les formes de bonté, de générosité, mais qui, quoique sans faus-

---

(1) Voir les lettres de la Marquise, publiées par M. de Sainte-Aulaire.

(2) Madame de Marchais, née Delaborde. Madame Du Deffand la surnommait Pomone et Flore Pomone, parce que son ami, M. d'Angiviller, surintendant des bâtiments et jardins du roi, la mettait à

seté, n'est qu'apparence. » Le 9 juin suivant, elle écrit au même : « Vous jugez très bien mes amis (Monsieur et Madame Necker) ; la femme a de l'esprit ; mais il est d'une sphère trop élevée pour que l'on puisse communiquer avec elle. Son mari qui en a plus qu'elle, et qui est peut-être celui qui aujourd'hui en a le plus dans notre nation, vaut bien mieux qu'elle. Il est bien persuadé de sa supériorité, mais elle ne le rend ni suffisant ni pédant. Le défaut que je lui trouve, c'est qu'il n'est point de facile conversation : on ne se trouve point d'esprit avec lui. Il a cependant de la franchise, de la bonne humeur, de la douceur, de la bonté ; mais il est distrait, par conséquent, stérile (1). » Le mari avait déjà eu son compte dans une lettre précédente : « Je suis fort aise du retour des Necker. Ils débarqueront à Saint-Ouen. Ils m'ont fait dire que ce serait samedi ou dimanche. Ils ne vous plaisent pas beaucoup, je le vois bien. Tous les deux ont de l'esprit, mais surtout d'homme ; je conviens cependant qu'il lui manque une des

---

même de se procurer les plus beaux fruits et les plus belles fleurs qu'elle répandait avec profusion chez des amis. Lettres publiées par M. de Lescure, t. II, p. 545, 5 mai 1776.

(1) Correspondance de la marquise Du Deffand, publiée par M. de Lescure, tome II, p. 559.

qualités qui rend le plus agréable, une certaine facilité qui donne, pour ainsi dire, de l'esprit à ceux avec qui l'on cause; il n'aide point à développer ce que l'on pense, et l'on est plus bête avec lui que l'on ne l'est tout seul, ou avec d'autres (1). »

Que de désillusions pour Madame Necker qui avait vu poindre ce désenchantement ! Elle avait désiré cette relation, à cause du bruit que faisait dans le monde la merveilleuse aveugle : « Ils ont voulu me connaître, disait Madame Du Deffand à Walpole, parce qu'on m'a donné auprès d'eux la réputation d'un bel esprit qui n'aimait point les beaux esprits. Cela leur paraît une rareté digne de curiosité. » Elle avait recueilli avec un soin jaloux les fines observations, les aperçus délicats sortis de sa bouche; mais plus d'une fois elle avait eu à se repentir de ce contact. Elle se dédommageait avec la bonne et avisée Madame Geoffrin, avec l'adorable duchesse de Lausun, avec Madame d'Houdetot dont la grâce était si attrayante, qui fit tant de passions célèbres, et vécut de celle de l'amour. Quelque différente qu'elle fût de sentiments et d'allures avec Madame

---

(1) Correspondance de la marquise Du Deffand, publiée par M. de Lescure, t. 11, p. 552, 553.

Necker, elle la séduisit de prime abord par le charme de ses ingénuités ; une correspondance toute aimable s'établit entre elles.

« Nous nous unissons, écrivait la comtesse à Madame Necker, M. de Saint-Lambert et moi, pour vous aimer. C'est bien en celà qu'il me convient encore. La félicité de ma vie est de vous avoir rencontré tous deux et d'être aimée de vous (1). »

Il était dans la destinée de Madame Necker d'inspirer bien des passions. Elle fut la dernière et la plus vive affection de Buffon qui lui avait fait connaître Madame de Marchais. Le grand écrivain se passionnait à la conversation de Madame Necker comme l'a révélé la publication de ses lettres par M. Nadaud. Il mettait ses plus belles manchettes pour lui écrire et se livrait aux inspirations de son plus beau style. Madame Necker était profondément flattée des hommages de ce vieillard de génie qui semblait retourner pour elle à la jeunesse et retrouvait un parfum de grâce quand sa plume s'occupait d'elle.

De son côté, Madame Necker avait pour Buffon une admiration sans borne : « M. de Buffon

---

(1) M. d'Haussonville. t. I. p. 288.

est inimitable en tout, disait-elle, et cependant en tout il doit servir de modèle. »

Elle professait pour lui un si profond attachement qu'en apprenant qu'il gisait dans son lit en proie au mal qui allait l'enlever, elle se rendit au Jardin des Plantes, et, pendant cinq jours, s'établit à son chevet comme garde-malade et assista à sa douloureuse agonie. Quand les spasmes de sa torture lui laissaient quelque repos, Buffon lui prenait les mains et lui disait : « Je vous trouve encore charmante dans un moment où l'on ne trouve plus rien de charmant. »

Cependant la fille de Madame Necker grandissait, et sa mère s'était dévouée avec toute sa tendresse à son éducation. Madame d'Houdetot s'intéressait avec vivacité à l'enfant ainsi que Madame de Vermenoux. Toutes deux avaient suivi ses premiers pas et observé les premiers éclairs de son intelligence. Une aimable correspondance s'ouvrit entre Madame d'Houdetot et la jeune fille « jamais, comme le disait la comtesse, jeune plante n'avait donné l'espérance de plus beaux fruits. » L'abbé Raynal la suivait avec un pareil intérêt et tous deux également échangèrent des lettres. Marmontel, le poète de la maison, lui consacra des poésies, et les autres habitués du salon de Madame Necker s'étudiaient à exciter les réparties de la jeune fille. Les inconvénients de cette vie en public pour une si ardente nature n'échappaient pas à Madame Necker. Elle ne la perdit pas de vue, cultiva avec soin son esprit, son jugement et sa mémoire ; faisait avec elle des lectures et la familiarisait avec toutes les grandes pensées de la philosophie religieuse et tous les trésors de la saine littérature.

Enfant, Germaine Necker se laissait aller parfois à des gaietés et des espiégleries qu'on pardonnait à son âge. Madame Geoffrin avait demandé à la mère la permission, quand elle allait dîner sans façon chez les Necker, d'envoyer, comme elle le faisait dans les maisons de ses plus intimes amis, une chaise qui lui était commode, Germaine battait Madame Geoffrin pour la lui enlever. La digne femme avisa d'en envoyer une semblable à M. Necker.

C'étaient les mièvreries d'un enfant ; avec l'âge, elle eût une tenue parfaite, et le salon de sa mère devint en partie le sien. Sa mère avait eu un instant la pensée de la marier à William Pitt, le fils de Lord Chatham. Mais, alors qu'on en fit l'ouverture à la jeune personne, elle refusa formellement, et quand la France fut en guerre avec la Grande-Bretagne, Germaine dont le cœur était tout français, s'applaudissait de son refus. Quand elle eut épousé le baron de Staël, ambassadeur de Suède à Paris, elle alla demeurer à l'ambassade établie rue du Bac, mais parut constamment chez sa mère qui était allée habiter rue Bergère, et elle donna un nouvel éclat au salon que les maladies de sa mère ne lui permettaient plus de tenir avec autant de zèle. Les étés se passaient à Saint-Ouen. Et dès que la Révolution devint sanglante, Necker alla chercher un asile à Coppet où sa fille vint vivre. Elle allait souvent à Paris où tout son temps se passait à travailler à l'évasion d'amis menacés, même à celle de la reine. Madame Necker mourut à Coppet, le 6 Mai 1794, laissant l'exemple d'une sainte mort comme elle avait laissé celui d'une vie exemplaire.

Le salon de Madame Necker avait été le dernier du xviiie siècle, mais on ne saurait dire que la digne épouse de Necker ait emporté avec elle la tradition des salons de conversation. Il faut lire dans les lundis de Sainte-Beuve (1) ce qu'il dit

(1) Tome I, p. 22.

sur le retour de ces aimables réunions sous le Consulat, à la renaissance littéraire. Des salons anciens et nouveaux vinrent offrir aux naufragés de la veille les jouissances de la conversation et de l'esprit. On vit reprendre les assemblées purement littéraires et philosophiques de Suard et de Madame d'Houdetot, celles de l'abbé Morellet, tenues par sa nièce, Madame Chéron. Mais il s'en ouvrit d'autres de composition plus variée et plus diverse, tel que celui de la princesse de Léon, rendez-vous des débris de l'ancienne grande société et des émigrés du grand monde; le salon de Madame de Staël, quand elle était à Paris ; ceux de Madame Récamier, de Madame Joseph Bonaparte, de Madame Baciocchi, de Madame de La Briche, de Madame de Vergennes, où se distinguait sa fille, Madame de Rémusat, enfin celui de Madame de Pastoret. Mais, fait remarquer Sainte-Beuve, « dans un coin de la rue neuve du Luxembourg, un autre moins en vue, moins éclairé, réunissait dans l'intimité quelques amis autour d'une personne d'élite, » c'était celui de Madame de Beaumont, fille du comte de Montmorin-Saint Hérem, l'un des menins de Louis XVI, quand il était dauphin, sœur de Madame de

La Luzerne et parente de la femme de l'ancien trésorier de l'extraordinaire des guerres. M. de Sérilly. Cette dame dont M. Joubert, l'écrivain si fin et si délicat, a célébré les qualités adorables et qui possédait « une admirable intelligence la mettant au niveau des talents les plus éclatants ; entendant tout, nourrissant son esprit d'idées, comme son cœur de sentiments, sans jamais chercher la satisfaction de la vanité dans les premières, ni un autre plaisir qu'eux mêmes dans les seconds. » Les habitués de cette retraite étaient M. de Châteaubriand et, pendant tout un hiver, sa sœur Lucile ; Joubert, Fontanes, Molé, Pasquier, Guéneau de Mussy, Chénedollé, Madame de Vintimille, et un M. Jullien, très instruit dans la littérature anglaise ; tel en était le fonds mais quelques autres personnages y paraissaient encore, seulement en passant. Le coup de soleil du 18 brumaire avait jeté un grand éclat dans cette société. Le premier Consul en qui la révolution s'était faite homme et qui avait fait refleurir la religion était par la plupart célébré comme un enchanteur. L'imagination reprenait son essor. Tout talent nouveau était choyé.

Il existait encore une autre présidente de cercle ouvert sous Louis XVI et que j'ai peine à nommer après les noms si purs que je viens de rappeler. C'était celui d'une Madame de Cheminot dont le corps de ballet de l'Opéra avait été le premier piédestal. Elle avait alors cet âge heureux de quatorze à quinze ans où la fleur va passer fruit. Un instant de plus, et ce sera Eve ou Pandore, Phryné ou Manon Lescaut. Louis XV, oublieux de sa sage résolution. Qu'il était temps d'enrayer, l'avait honorée d'un regard et mise en goût de succès. Elle était devenue à la mode en vingt-quatre heures et nageait dans le luxe et les fêtes. Née à Pont-à-Mousson de petits merciers, que de chemises à trente sous n'avait-elle pas portées avant de se douter qu'il fût des dentelles dont elle ornerait un jour ses chemises de nuit et ses peignoirs du matin !

Lancée par la faveur royale, elle fut bientôt distinguée par le prince de Condé, et elle alla courre quelques chasses à Chantilly. On la vit ensuite, enlevée par le landgrave de Hesse, oublier ses gorgerettes sur les charmilles d'aubépine en fleur, à Cassel, et faire les beaux jours de la cour de ce prince. Enfin, de retour en France, elle fut recherchée par un riche seigneur anglais, qui refit sa fortune ébréchée par le jeu, lui fit présent d'un hôtel dans la rue Neuve-des-Mathurins, et l'aida dans ses goûts d'ameublement de luxe.

Cette femme dont jusqu'ici personne n'avait parlé, eut cependant, en son temps, une certaine célébrité. Elle voulut avoir son salon et d'abord le meubla seulement d'hommes. Mais à mesure qu'elle s'éloigna de son point de départ, ses dîners et ses réceptions attirèrent du monde, et l'on vit paraître des femmes et des personnages distingués. Le comte de Gardane, au retour de son ambassade en Perse, lui fit présent de tapis d'Orient pour garnir ses salons. Les plafonds étaient ornés de peintures de Watteau et de Boucher. La salle à manger, servie en vaisselle plate, offrait des tableaux de Fyt et d'Honderkoeter. Partout des lustres. Celui de la chambre à coucher était en cristal de roche, présent du prince de Condé.

La cheminée du salon était décorée d'une magnifique garniture, présent de l'Impératrice Joséphine, dont son goût pour les fleurs l'avait rapprochée. Au milieu, brillait un superbe buste de cette princesse. La faveur du landgrave avait fait entrer au service d'Autriche un frère de la dame, qui devint général et mourut sur la brèche, au premier siège de Dantzig. A soixante ans, elle aimait encore à déployer ses grâces, à danser des menuets, à chanter des légendes galantes et des chansons un peu grassettes. Elle avait encore alors gardé un port superbe. Tant qu'elle avait été dans sa fraîcheur et avait joué son rôle de divinité sur les nuages, sa grammaire un peu hasardée du faubourg de Pont-à-Mousson et de coulisses, passait pour gaieté, pour gentillesse enfantine, et ses imbroglios de français, d'allemand et d'anglais, appris sur l'oreiller, dans ses métamorphoses, pour autant de grâces. A mesure que ses charmes déclinèrent, elle retourna à sa mauvaise éducation primitive. Douée néanmoins d'esprit naturel et de mémoire, elle s'était un peu polie et avait saisi au vol quelques nuances agréables. Elle n'en tenait que mieux son salon avec une désinvolture pleine d'assurance et de souplesse. Les femmes se forment plus vite que les hommes.

Ses soirées étaient devenues d'un charme infini. On y avait vu Diderot, Damilaville, Franklin, les abbés Coyer et Raynal; plus tard on y vit le marquis de Presle, ci-devant jeune homme comme le marquis de Laigle ; le prince de Masserano, Rivarol, Beaumarchais et Gudin, tous deux fils d'horlogers ; (les horlogers avaient fait souche) MM. de Lévis et de Pontécoulant, M. Roy, quatre fois ministre des finances sous la restauration ; Chamfort, Ginguené, Lémontey et Viennet que nous avons depuis entendu récitant à l'académie ses fables amusantes et son épître à ses quatre-vingts ans.

Napoléon, fatigué de la rencontrer chez Joséphine, l'en avait un jour bannie d'un coup de coude dans la poitrine. Madame *de* Cheminot, eut toute sa vie ce coup de coude sur le cœur ; c'était l'une de ses colères favorites, l'un de ses thèmes pour arriver à l'apologie de la supériorité des règnes de Louis XV et de Louis XVI.

Madame de Cheminot n'avait jamais été mariée, et s'était dépouillée de son nom vulgaire en s'envolant dans les régions mythologiques. Il lui fallait un nom à particule pour se rehausser, et elle prit celui sous lequel elle vécut. » Eh ! pourquoi pas ? disait-elle, ne m'a-t-on pas dit que le dieu, M. de Voltaire, s'appelait Arouet ? ne m'a-t-on pas dit que M. d'Alembert s'appelait au vrai M. Lerond ? Peut-être n'avait il pas de nom du tout. Mon ami Nicolas n'a-t-il pas adopté le nom de Chamfort; mon ami Caron, celui de Beaumarchais. Gudin, celui de M. de la Brunellerie ? et tant d'autres ? Je ne vois pas de mal à se mettre de niveau avec les gens avec lesquels on est appelé à vivre. C'est moins par vanité que pour s'accommoder à celle des autres. Moi, d'ailleurs, moi-même ne suis-je pas un peu de la cour?»

Elle n'eût pas de cesse qu'elle n'eût doté sa mère, pour la marier à un chevalier de Cointin, dont elle se faisait accompagner par gloire.

Vieillissante elle n'était pas dévote, faute d'avoir trouvé le temps de le devenir. Enfin, après une assez courte maladie, tout à coup déchue de ses derniers regains de beauté, elle ne fut plus qu'une vieille médaille plâtrée. Une rechûte l'abattit tout à fait ; elle eut peur, se hâta de faire quelques bonnes œuvres, et l'on trouva le moyen de la faire mourir en façon de sainte, fort confessée et saturée d'eau bénite.

Elle avait eu pour conseil un conseiller d'Etat, M. David, chef du bureau du commerce sous le roi Louis-Philippe, et pour exécuteur testamentaire un conseiller à la cour royale de Paris.

CHAPITRE X

QU'A ÉTÉ AU VRAI LE XVIIIe SIÈCLE. CONCLUSION ?

Sous Louis XVI, en dépit du chef de l'Etat et de sa pure et délicieuse reine, la cour ne donnait pas toujours un bon exemple, et le comte d'Artois avait une société mêlée un peu vive qui ne le corrigeait pas de ses *jeunesses*, comme disait Louis XVI. Elle se composait de Condorcet, de Ducis, homme de cœur par excellence, de Moreau, historiographe trop peu historien, du spirituel Boufflers si connu, de Saint-Lambert, du marquis de Montesquiou, et d'autres beaux esprits aussi peu intolérants en matière de religion (1). Et puis les Aspasies chez qui ces athéniens achevaient leur rhétorique, n'avaient pas toutes

(1) *Mémoires de Condorcet*. Ces mémoires ont été compilés par le marquis de la Rochefoucault-Liancourt, fils du célèbre philantrophe.

le ton de mademoiselle Contat. C'étaient la Duthé, la Dervieux, les plus célèbres courtisanes du temps, pour qui le théâtre n'était qu'un piédestal ; c'étaient la Guimard et la Sophie Arnould, convives des déjeûners de la Duthé, que, pour la vanité de se voir sourire par le jeune comte d'Artois et par le duc de Chartres, Madame de Genlis, « dont la vertu ne voulait pas, dont le vice ne voulait plus, » vantait le plus qu'elle pouvait. Femme étrange que cette femme de tant d'esprit et de bon sens dans le goût, mais qui mêlait le romanesque à la mode avec la religion, et qui écrivait des traités d'éducation chrétienne dans les loisirs de ses amours !

En général, à cette époque, nous l'avons déjà dit, l'esprit de la haute classe, emporté sur l'Océan des doutes et des licences, faisait naufrage à travers tous les éblouissements des sens, et une philosophie dissolvante avec séduction, quand elle n'était pas cynique. Les liens de la famille, cette force première de la société, se relâchaient chaque jour davantage. L'autorité paternelle s'affaiblissait. Les liens du mariage ne serraient plus ni les cœurs ni les volontés, à peine si l'on s'imposait encore entre parents les devoirs de décence. Gresset peignait son époque en disant :

« La parenté m'excède. Ces liens et ces chaînes
Des gens dont on partage ou les torts ou les peines,
Tout celà préjugés, misères des vieux temps,
Chacun n'est que pour soi... »

La vie se revêtait d'une teinte romanesque, qui trop souvent égarait les imaginations. « En tout », comme l'a si bien fait observer la vicomtesse de Noailles, « l'état exquis, mais factice de la société déplaçait les affections comme les principes. On portait généralement plus de dévouement dans les liaisons de choix que dans les relations de devoir et de la nature. »

« La morale qui allait diminuant, parce qu'elle ne s'appuyait pas sur la religion, s'égarait avant de s'anéantir. Les vertus philosophiques, bien plus commodes à pratiquer que les vertus chrétiennes, en ce qu'elles laissent le choix des sacrifices, abusaient les âmes généreuses et tranquillisaient celles qui ne l'étaient pas. La société abondait en gens qui manquaient du nécessaire en fait de principes, mais qui se paraient d'un admirable superflu (1). » L'impression des idées démocrati-

---

(1) *Vie de la princesse de Poix*, p. 37.

ques allait bientôt substituer un ordre légal à l'ancien arbitraire et forcer les hautes classes à se mettre sur la défensive en améliorant leurs mœurs ; l'heure n'allait pas tarder à sonner pour amener une conclusion.

La philosophie spéculative qui prête tour à tour ses livrées à la vérité comme à l'erreur, achevait son œuvre au milieu de l'ébulition des esprits, au milieu d'orgueilleuses puérilités, de conversations hardies, neuves, folles ou sensées. Alors, l'esprit de réforme vint à éclater. Que d'heureux génies ! que d'éclairs de raison illuminaient les discussions ! que de pensées grandes, utiles, fécondes ! que de sentiments nobles, élevés, en dépit des abaissements ! et quelle révolution de géants pour conclusion !

Quel charme dans les commencements de cette terrible révolution où les intelligences distinguées, les âmes généreuses de toutes les classes se réunissaient dans le désir du bien ! Le goût ancien y était l'interprète élégant des idées nouvelles.

Les imaginations vives se flattaient de voir se réaliser les plus belles chimères ; on se dépouillait avec satisfaction de ce qu'on croyait abusif, pensant naïvement que les masses auraient la générosité de comprendre et de respecter. Enfin, comme l'astrologue de la fable, on tombait dans un puits, en regardant les astres (1). »

Néanmoins, n'exagérons pas contre le XVIII° siècle. En tout temps et en tout pays, il y eut une partie corrompue de la société. Ce n'est pas à dire qu'il faille y voir toute la nation. Le tort capital de la Régence et du règne qui suivit c'est que la corruption et le dévergondage des esprits ont été plus contagieux parce que les exemples du scandale partaient de plus haut : « Le poisson puait par la tête, » dit le proverbe oriental. L'abandon de certaines princesses d'Orléans et de Condé restera pour ces cours un stigmate fatal. Mais en résumé, pour bien comprendre une pareille société composée de classes diverses, communiquant peu ensemble, il faudrait entrer successivement dans l'examen scrupuleux de toutes ces classes dont chacune eut ses vices, mais eut également ses vertus.

Encore une fois, ne nous hâtons pas de tout jeter avec la paille des impies. Il fut encore des

---

(1) *Vie de la princesse de Poix*, par *la vicomtesse de Noailles*. p. 22.

justes pour trouver grâce devant celui qui punit et qui pardonne, des justes qui relèvent le siècle de son bagage d'iniquités, d'athéisme, d'imprudentes utopies.

Le prince de Ligne fait observer « qu'on avait alors laissé l'athéisme aux académies et aux antichambres, et que, dans un salon, personne n'aurait osé se montrer esprit fort. » Et ailleurs il ajoute : « L'incrédulité est si bien un air que si l'on en avait de bonne foi, je ne sais pourquoi on ne se tuerait pas à la première douleur de corps ou d'esprit. On ne sait pas assez ce que serait la vie humaine avec une irréligion positive. Les Athées vivent à l'ombre de la religion, » (1) Madame Necker, dont le témoignage ne saurait être suspect, dit, en l'un de ses écrits, qu'en dépit des mœurs du temps, elle avait trouvé à Paris des cœurs d'élite capables de fonder la plus honorable amitié. Si ce ne sont pas ses propres paroles, c'en est le sens. Encore une fois la littérature dégradée ne fut pas toute la littérature, la société gâtée n'était pas toute la société. La Cour n'était pas tout Versailles et tout Paris, toute la bour-

---

(1) *Les pensées et lettres du prince de Ligne, publiées par la baronne de Staël.*

geoisie était loin d'être entamée. Paris n'était pas toute la nation. « Le respect des mœurs était encore tout entier dans une petite ville de province (1). » Les villes parlementaires faisaient autant de centres de civilisation, de nationalités, de lumières, polissant l'esprit français dans leurs entretiens, que continuaient leurs correspondances. L'art, les sciences, les lettres y jetaient un vif éclat (2). Et celà remontait bien haut; on y avait compté des bibliothèques incomparables, des réunions littéraires et de causeries qui rivalisaient avec les salons et bureaux d'esprit les mieux famés de la capitale. La bibliothèque de quarante mille volumes et de manuscrits du président Bouhier, fondée par son grand père, augmentée par lui et actuellement à Troyes, attire encore les étrangers dans cette ville. La bibliothèque de Claude Garasse de Pridiane, en Nivernais, qui fut célèbre dans le XVIe siècle, celle du président de Mazaugues, à Aix ; les collections du marquis d'Aiguilles, dans la même ville, le cabinet Crozat,

---

(1) *Mémoires du comte Beugnot*. Tome Ier, p. 39.

(2) M. Foisset de Dijon, a bien démontré dans son livre, publié en 1842, sur le président de Brosses, ce qu'était une grande ville de province au XVIIIe siècle, pour les choses de l'intelligence et des mœurs.

à Toulouse, attestent tout ce que le goût avait de pouvoir dans les anciennes provinces. Là, comme dans la capitale, se trouvait et se perpétuait, au xviiie siècle, un côté de noblesse et de haute bourgeoisie, intelligent, éclairé, laborieux et sain. A la vérité peut-être, ce que l'on y rencontrait le plus souvent était cet ensemble de qualités qui font l'*honnête homme*, l'homme accompli selon le monde ; cette honnêteté, que le chevalier de Méré avait placée au-dessus de tout et que prônait à son tour la philosophie du xviiie siècle. Mais on trouvait aussi des hommes qui savaient faire un pas de plus et ne mettaient point la morale en dehors de la religion, qui voulaient soumettre la sensation au sentiment, le sentiment à l'idée, l'idée au devoir, épurer la Société par l'individu ; on trouvait des chrétiens qui, au lieu de sacrifier les autres à soi pour être heureux, voyaient le bonheur dans l'abnégation et le sacrifice. Différentes des femmes du siècle de Louis XIV, même les plus légères, qui finissaient, au déclin de la beauté, par un retour à Dieu, la plupart des femmes du siècle de Louis XV préférèrent de se poser en philosophes près des libres penseurs ; mais il en est encore, même à la Cour, qui, fidèles aux échos des saints lieux, savaient échapper à la contagion, honorer leur vie par de saintes œuvres, fortifier leur âme par de saintes lectures, s'assurer la paix intérieure par la foi, qui, sachant éviter l'imprudence du paysan d'Horace, attendant que le fleuve se fut écoulé pour passer l'eau :

Rusticus expectans dum defluit amnis,

n'attendaient pas l'heure de leur fin pour revenir à Dieu, et mettaient dignement un intervalle entre la vie et la mort, comme l'avait fait, sous la couronne de lys et d'épines, Marie Leczinska, cette martyre cachée entre le trône et l'oratoire. Voilà une princesse modèle, qui aussi simple que la fille d'Alcinoüs, ne connaissait de fard que l'eau et la neige, et cependant, à l'exemple du peu estimable Soulavie, on a osé l'attaquer, parce que, dans sa pureté religieuse et sa dignité de femme et de reine, le cœur lui levait alors que Louis XV se hasardait à approcher de l'alcôve royale avec la corruption avinée qu'il ne portait que trop souvent dans ses plaisirs faciles.

Louis XIV avait usurpé à son profit la dignité de la nation, Louis XV ne se soucia ni de cette dignité ni de la sienne propre. Son esprit ne lui servait qu'à voir ses vices et ses fautes, non à les réparer. Il avait sucé avec le lait la morgue des grands et le mépris pour les petits, et il se souvenait trop de ce mot imbécile de son gouverneur, le maréchal de Villeroy, qui lui montrant de la fenêtre du palais de Versailles la foule assemblée, lui avait dit : « Tout ceci est à vous. » Mais quelque vigueur d'âme se gardait encore au milieu des camps et prouvait avec gloire que l'esprit des Catinat et des Villars, avait laissé de vieilles traces. » C'est le temps du dévoûment héroique du chevalier d'Assas et du comte de Plélo (1). Les

(1) Louis-Robert-Hippolyte de Bréhan, comte de Plélo, issu d'une vieille famille bretonne, petit neveu de la marquise de Sévigné, allié aux Phélypeaux, beau-frère du comte de Maurepas, né en 1699, mort en 1734, vendit sa charge militaire et devint ambassadeur en Danemark. Quand Stanislas Leczinski, pour la seconde fois roi de Pologne, en 1733, fut assiégé par trente mille russes dans la ville de Dantzig, il quitta son poste diplomatique pour courir à son secours avec quinze mille français et força trois retranchements ; mais accablé par le nombre, la jambe cassée d'un coup de feu, le ventre criblé de coups de bayonnettes, il mourut au front de bataille. Il eût triomphé si le faible gouvernement du cardinal de Fleury n'eût pas envoyé au roi des secours insuffisants. — Il aimait les lettres, et l'on a de lui quelques poésies. Il fut marié en 1722, à une demoiselle de Lavrillière, et cette union de deux cœurs d'élite devint un modèle d'amour conjugal, à cette époque de mœurs abandonnées. De ses nombreux enfants, une seule fille a survécu, qui fut mariée au duc d'Aiguillon.

L'impératrice Anne avait fait placer dans sa chambre le portrait de ce héros.

qualités relatives de Fleury, en rendant un repos nécessaire à la France, en la gouvernant comme une famille, en rétablissant ses finances, lui avaient permis de se relever de ses pertes. plût à Dieu qu'il n'eût pas laissé dépérir notre marine devant l'orgueil de l'Anglais, cet allié grondeur et intéressé, allié sous la condition de tout recevoir et de ne rien rendre ou de rendre le moins possible! Il y a toujours une dupe dans les amitiés. Plût à Dieu qu'il n'eût pas envoyé mourir dans la prison de Ham, le brave Jacques Cassard, qui en 1703, avait nettoyé la Manche des corsaires et réprimé l'Anglais dans la Méditerranée, Cassard, le plus grand homme de mer de son temps, au témoignage de Duguay-Trouin! plut à Dieu enfin que les irrésolutions et les faiblesses de son grand âge ne lui eussent pas laissé entreprendre la guerre de 1761 contre Marie-Thérèse, guerre imprudente et odieuse, entreprise pour dépouiller l'héritière de la maison d'Autriche de la succession paternelle et dont le souvenir devait amener des conséquences si funestes! Du moins on a vu Etienne-François duc de Choiseul, pacifier la Martinique, relever la prospérité de Saint-Domingue, créer des écoles militaires, réunir la Corse à la France, et négocier le pacte de famille. En un mot, lui et Vergennes, à part la paix apparemment inévitable de 1763, que conclut le premier, œuvre honteuse qui livra notre belle colonie du Canada; avaient d'abord soutenu la dignité nationale à la hauteur du sentiment de l'ancienne aristocratie, dédaignant pour le pays les mesquines vanités, et cherchant sa prépondérance dans les profonds intérêts sociaux, dans les vues politiques, dans la réalité des faits et des résultats.

Le traité de Belgrade avait jeté sur la jeunesse de Louis XV comme un reflet du grand siècle de Louis XIV. Et plus tard on vit des ambassadeurs, même de simples commis penchés sur leurs bureaux s'animer d'un zèle éclairé pour le bien public, se sacrifier pour la personne et les intérêts du roi et faire revivre les grandes qualités qui avaient fait l'honneur et la gloire de la vieille époque des grands souvenirs et des fortifiants exemples.

Affectant, d'un côté, de n'estimer que la guerre et que le plaisir, la bravoure et la grâce, de ne savoir que la vie facile, d'ignorer que le travail est un des plus riches capitaux d'une nation, la noblesse d'alors, ce composé de tous les contrastes, laissait l'administration aux bourgeois, les arts aux gens qui n'étaient point nés, la fécondation du sol aux manants. Mais en retour, quand elle n'exerçait pas son privilège de se faire tuer sur les champs de bataille, on la voyait, à son insu, ouvrière de l'esprit, s'associer par toutes les élégances du langage parlé, par ce tact fin et délicat que perfectionne l'usage du grand monde, aux progrès de la langue écrite, et conserver le rôle que lui avait assigné Molière, sous le règne précédent (1).

Mêlée à tous les philosophes ; ouverte, par mode et par goût, à toutes les philosophies, elle ne s'en tint pas à cette action sur la langue, elle prit une part active au mouvement du xviiie siècle vers les idées sociales, et il n'était point rare, comme nous l'avons dit, que les plus graves entretiens se tinssent dans les boudoirs. Ce fut aussi le temps du mépris railleur de toute autorité, du cynisme dans les croyances, du culte public des passions, du décri des bienséances, de l'abaissement des âmes, si élevées dans le siècle précédent. Mais que si une foule de plumes licen-

(1) Voir *la critique de l'Ecole des femmes* : « Sachez, Monsieur Lysidas, que les courtisans ont d'aussi bons yeux que les autres... »

cieuses mit la nudité des tableaux à la place de la délicatesse du sentiment ; que si l'on eut l'audace de Voltaire, ce grand esprit, à la fois le coupable du xviiie siècle, Voltaire souillant à plaisir un des plus nobles et des plus touchants souvenirs de la France, celui de la pucelle d'Orléans, et supprimant la religion d'un trait de plume, on eut le Voltaire des histoires, le Voltaire avec sa philosophie généreuse, ses révoltes contre l'arbitraire et l'injuste, ses verves de pure éloquence, son horreur de la phrase, son culte idolâtre de toutes les finesses de la langue, son bon sens suprême, assaisonné de l'esprit le plus séduisant peut-être qui ait existé ; on eut le véritable grand homme du xviiie siècle, le président de Montesquieu, qui, après avoir comme dit Châteaubriand, laissé tomber contre la religion des traits qu'il dirigeait contre nos mœurs, a magnifiquement réparé cette erreur dans son livre sur les lois et sur la grandeur et la décadence des Romains; sentant que, pour élever un monument durable, il fallait en creuser les fondements dans un terrain moins mouvant que la poussière de ce monde. Que n'eut-on pas encore ? On eut la voix de Massillon, le parfum de savoir et de vertu du bon Rollin qui faisait venir à lui les petits enfants pour les édifier autant que pour les instruire, avec cette élévation de cœur, cette candeur et chasteté de langage, qui tiennent toujours à la chasteté de l'âme. On eut, en même temps que l'armée savante des austères Bénédictins, l'historien de l'Eglise, Claude Fleury ; on eut l'élévation et la délicatesse des tendances naturelles de Vauvenargues allant à la morale par les voies chrétiennes en dépit des velléités acquises de scepticisme ; on eut le burin immortel et inflexible de Saint-Simon ; la pureté de Paul et Virginie (1) ; la grandeur de Buffon relevant de l'ordre qui régit la nature, peintre majestueux comme elle et qui semblait moins l'observer que la deviner.

Il restait encore des salons où les femmes apportaient le tribut de leur grâces, ce charme indéfinissable qui est comme le sourire de l'esprit, qui prête un tour galant et fin, sans cesser d'être honnête, allie la souplesse à l'aménité, une nuance de malice, tempérée de raillerie légère, à

---

(1) On pourrait citer aussi le *Génie du Christianisme*, si voisin du XVIIIe siècle par la date de son apparition, puisqu'il vit le jour en 1802 ; mais la Révolution a passé entre les deux, et c'est une frontière naturelle qui empêche de confondre les deux époques.

une bienveillance presque attendrie, ce qui permettait au prince de Talleyrand de dire un jour : « Celui qui n'a pas vécu avant 1789 ne connaît pas la douceur de vivre. » On eut encore le salon de l'honnête marquise de Lambert ; les réunions de la duchesse de Luynes, dont nous avons déjà mentionné la sagesse, qui mettait de la coquetterie dans l'amitié, et que l'amitié sauva de l'amour. On eut la ravissante Madame de Flamarens, un exemple de vertu qui sut échapper aux obsessions du duc de Richelieu, dont la fortune altière se faisait un jeu de toutes les honnêtetés avec ce qu'un poète a si bien nommé les éternels serments d'un jour. On eut la délicieuse comtesse de Sabran dont la beauté, comme nous l'avons dit, avait fait rendre les armes à Louis XV, et dont la vertu la fit respecter ; on eut les sociétés de l'Hôtel de Beauvau où se déployaient toutes les grâces et les finesses de la conversation, avec un parfum de moralité exemplaire. On eut la marquise de Créquy qui trempait sa plume dans les grandes eaux de la foi ; on compte aussi l'un des plus charmants esprits des salons de Chanteloup, l'abbé de Barthélemy, l'auteur trop négligé du *Voyage du jeune Anacharsis en Grèce*. On eut les dimanches de l'abbé Morellet dont la maison respirait l'odeur des temps antiques. On vit briller enfin l'intégrité profonde d'une pléiade d'hommes aux fortes études, aux mœurs austères, tels que les Daguesseau, les Caumartin, les Machault, les Turgot, les Lamoignon, les Malhesherbes, les Trudaine, esprits sages et utiles, grands citoyens, à la fois philosophes spéculatifs, magistrats éminents et, à des degrés divers, hommes, sachant au besoin, s'élever au-dessus de la lettre morte et remonter aux véritables sources de la morale et de l'équité, du droit et de la justice. Non, le siècle de pareils hommes, celui de l'Encyclopédie qui, malgré ses défauts et quelques unes de ses tendances, constitue un des beaux monuments de l'esprit humain, ne fut pas le plus méprisable des siècles. Les abeilles sorties des entrailles des taureaux immolés par Aristée ne sont pas mortes de leur putréfaction. Encore une fois, si ce siècle fut celui de l'excès des plaisirs, du dénigrement et de l'ironie, s'attaquant aux choses respectables, il fut en même temps le siècle de l'esprit et le fécond générateur des idées nouvelles : « Siècle ardent et sincère, dit M. Guizot, siècle de foi et de désintéressement, bien supérieur à tous ces sceptiques, à tous ces cyniques, que dis-je supérieur ! Il leur était essentiellement contraire, il leur donnait un continuel démenti, il avait foi dans la vérité, il a réclamé pour elle le droit de régner en ce monde, il avait foi dans l'humanité, car il lui a reconnu le droit de perfectionner, et a voulu qu'elle l'exerçât sans entrave. Il s'est abusé, égaré dans cette double confiance, il a tenté le bien au-delà de son droit et de sa force; Celà convenu, la pensée originale du XVIII° siècle, la croyance que l'homme, la vérité, la société sont faits l'un pour l'autre et appelés à s'unir ; cette juste et salutaire croyance relève et surmonte toute son histoire. » Il transforma les mœurs et les coutumes, et sur les débris d'une classe qui perdait fatalement, par sa faute, sa puissance en perdant son prestige, il fit grandir en influence et en pouvoir une classe nouvelle soulevée par le flot social, et rachetée du mépris du passé. J'en atteste les dernières années du siècle, cet âge n'avait pas si fort appauvri les âmes qu'elles n'aient trouvé, sous l'énergie du crime, la grandeur et la sublimité du martyre, la vigueur de la vertu et les abnégations du patriotisme !

TABLE DES MATIÈRES

INTRODUCTION

On commente le contrat social de J.-J. Rousseau. — L'idée de République germe au xviiie siècle par un mouvement secret et souterrain. — Menaces de cataclysme. — Lous XV semble disparaître de son règne, i à xiv.

CHAPITRE I

Analogie lointaine des réunions dans l'antiquité avec nos salons, p. 2. — Ecrits sur l'art de converser, 3. — Origine des causeries en France, 3. — L'hôtel de Rambouillet, 5. — L'hôtel de Nevers, 5 à 15. — Madame Duplessis-Guénégaud, 6, 7. — Mesdames de Sévigné et de Lafayette, 5, 8 à 15. — Les palais royaux, 15. — Salon de Madame de Vauvray, 16. —

Fontenelle et Rollin, 16. — Mademoiselle Dela
19, 20. — Le Président Hénault, 21, 22. — L
ciété de l'Entresol, 23, 24. — Les salons du
Royal, 24. — La Cour de Sceaux, 25, 26, 27.
Société du Temple, 27 à 32. — La Maréchale
chesse de Montmorency-Luxembourg, 32 à 37.

CHAPITRE II

L'hôtel de Sully, 38. — Madame de Flamarens,
Madame de Gontaut, 39. — Insultes faites à Vol
39, 40. — Les salons de la Marquise de Lam
40 à 44. — Madame de Tencin, 45 à 49. — Ma
Geoffrin, 49 à 60. — D'Alembert, 54 — Mari
55. — Les peintres chez Madame Geoffrin, 57

CHAPITRE III

Salon de Madame du Deffand, 61 à 75. — Ma
De Prie, 63. — Walpole, 68 à 73. — Mademoise
Lespinasse, 75, 76. — La Marquise de Créquy
77. — L'hôtel de Beauvau, 77, 78. — Madan
Simiane, 78. — Madame Filleul, 79. — L'hôt
Brancas, 79. — La Comtesse de Séran, 79. —
dame de Broglie, Madame de Bussy, la Comtes
Lamassais, 80. — La Marquise de Duras, 80. —
soupers de Madame de la Vallière, 81. — Cett
chesse est chantée par Voltaire, 82. — Madam
Gontaut fait son portrait, 82. — Madame d'Hou
lui fait des vers, 83. — Madame de Polignac e
duel, 84. — Le Baron de Breteuil, 84. — Le B
d'Holbach, 85. — La Comtesse de Tessé, 86. -
Duchesse de Kingston, 86, 87.

CHAPITRE IV

alon de conversation des fermiers généraux, 88. — Vers de Voltaire en envoyant la recette d'un potage. 89, 90 et 91. — Les gourmets sous la Monarchie, 91. — Les Grimod de la Reynière, 92. — M. et Madame de la Pouplinière, 94 à 99. — Helvétius, 99, 100, 101. — Foncemagne. 103.

CHAPITRE V

Madame de Marchais, 102, 103. — Madame de Graffigny, 104. — Madame de Forcalquier, 104. — Les Persifleurs, 105. — Madame Du Boccage, 106. — Madame Fourqueux, 106. — Madame Briffaut, 106. Madame Dupin, 107. — Mademoiselle de Riencourt. depuis femme du fermier général d'Ogny, 108. — Madame Doublet de Persan, 109 à 121. — Madame Harenc, 123.

CHAPITRE VI

Dîners du fermier général Pelletier, 173. — Les Dîners du bout du Banc, 125 à 131. — Mademoiselle Quinault et Piron, 125 à 126. — Madame d'Epinay, 127.

CHAPITRE VII

Le Café Procope, 137. — L'Histoire de France en Chansons 134.

15.

CHAPITRE VIII

L'Angleterre n'a pas eu de Salons de Conversation, 137. La Duchesse de Mazarin, 108. — La Duchesse de Queensberry, 144, 145, 146. — Lady Mary Wortley Montague, 146 à 149.

CHAPITRE IX

Madame Necker, 151. — Gibbon, amoureux de Mlle Curchod, depuis Madame Necker, 154. — Portrait de M. Necker par Madame d'Oberkirch, 161. — Madame de Vermenoux, 158, 159, 176, 180, 181. — Salon de Madame Necker, 166, 168. — Portrait que fait d'elle Marmontel, 172, 173, 174. — Même Portrait par la Baronne d'Oberkirch, 175. — Madame de Staël, 176, 194, 195, 196. — Ingratitude de quelques uns des habitués du salon de Madame Necker envers elle, 178. — Sa correspondance avec Moultou qui lui reproche ses liaisons avec de libres penseurs, 183. — Impertinences de Diderot envers Madame Necker, 185. — Réparation qu'il lui fait, 185. — Reproches qu'adresse la Marquise de La Ferté-Imbault à Madame Necker sur ses fréquentations avec Mesdames du Deffand, de Montmorency-Luxembourg, de Boufflers-Rouvrel et de Marchais, 186. — Bizarrerie de cette Marquise, 187. — Opinion de Madame du Deffand sur les Necker et Madame de Marchais, 190, 191, 192. — Madame d'Houdetot, 192, 193. — Passion du Comte de Buffon pour Madame Necker,

193. — Cette Dame l'assiste à ses derniers moments, 194. — Dernières paroles qu'il lui adresse, 194. — Reprise des Salons après la Révolution, 196. — Salon de Madame de Beaumont, 197. — Madame de Cheminot, 199. — Ce que c'était que cette Dame, 199 264.

CHAPITRE X

Conclusion. — Qu'à été au vrai le xviiie siècle, 205. Table des Matières, 223.

Havre. — Imprimerie du Commerce, L. ÉCHÉGUT, 3, rue de la Bourse

www.ingramcontent.com/pod-product-compliance
Lightning Source LLC
Chambersburg PA
CBHW071930160426
43198CB00011B/1343